江 苏 新 农 村 发 展 系 列 报 告
南京农业大学人文社科重大招标项目

江苏农村生态文明发展报告 2013

陈 巍 等 著

科 学 出 版 社
北 京

内 容 简 介

本书为《江苏新农村发展系列报告》之一。本书分为总报告和分报告两部分。总报告主要从江苏农村生态安全发展、江苏农村生态环境保护与修复、江苏农村生态文明监测体系建设、江苏农村生态文明发展思路建设四个方面分析江苏省农村生态文明发展状况；分报告分别对苏南、苏中、苏北区域农村生态文明发展状况进行分析，并对生态农业典型模式、苏南农业环境生态补偿机制、人居环境建设农民满意度、生态农业建设中农户行为四个方面做专题分析。

本书可供环境学、生态学、社会学相关专业师生及政府相关部门人员参考。

图书在版编目（CIP）数据

江苏农村生态文明发展报告. 2013/陈巍等著. —北京：科学出版社，2014.3
（江苏新农村发展系列报告）

ISBN 978-7-03-040192-2

Ⅰ. ①江… Ⅱ. ①陈… Ⅲ. ①农村生态环境–生态环境建设–研究报告–江苏省–2013 Ⅳ. ①F323.22

中国版本图书馆 CIP 数据核字(2014)第 048889 号

责任编辑：黄 海 刘婷婷 / 责任校对：宋玲玲
责任印制：徐晓晨 / 封面设计：许 瑞

科学出版社出版
北京东黄城根北街 16 号
邮政编码：100717
http://www.sciencep.com

北京京华虎彩印刷有限公司 印刷

科学出版社发行 各地新华书店经销

*

2014 年 3 月第 一 版 开本：787×1092 1/16
2014 年 3 月第一次印刷 印张：12
字数：180 000

定价：69.00 元

《江苏新农村发展系列报告》（2013）编委会

《江苏农村生态文明发展报告 2013》

主要撰写人员

陈　巍　孙　华　郑华伟　刘红光　谢　丽
张　锐　李　缨　张俊凤　孙燕华

总　　序

为了深入贯彻落实党的十七届六中全会精神和国家中长期科技与教育发展规划纲要，繁荣我校人文社会科学，强化我校新农村发展研究院的政策咨询功能，从 2012 年起，南京农业大学在中央高校基本科研业务费中增设人文社会科学重大专项。人文社会科学重大专项通过招标方式，主要资助我校人文社科专家、教授针对我国农业现代化和社会主义新农村建设中遇到的具有全局性、战略性、前瞻性的重大理论和实践挑战，以解决复杂性、前沿性、综合性的重大现实问题为重点，以人文社会科学为基础、具有明显文理交叉特征的跨学科研究。其中，为江苏“三农”服务的发展报告是首批重点资助的项目，项目实施一期三年，每年提交一份年度发展报告，并向社会公布。

江苏地处中国经济发展最快速、最具活力的长三角地区，肩负“两个率先”的光荣使命，正处于率先实现小康社会奋斗目标、全面开启现代化建设征程的新的历史起点。其经济社会发展的现状为南京农业大学发挥学科特点和综合优势，服务社会需求和发展大局，提出了新的挑战，提供了新的机遇。我校设立校人文社会科学重大招标项目主要基于四个方面的出发点。第一，随着我国整体改革的进一步深入，农业现代化进程的不断加快，农业现代化过程中凸显的难点和重点问题，使得人文社科研究的整体性、系统性、迫切性更加突出。我校通过顶层设计设置的人文社科重大招标项目——江苏“三农”相关领域发展报告，就是希望我校农业相关的人文社科领域专家、教授发挥团队力量，通过系统设计、周密调研和深入剖析，实现集体“发声”，冀求研究成果为江苏“两个率先”的实现做出应有的贡献，并对全国的农业现代化、对将来起示范和引领作用，从而扩大南京农业大学人文社科研究整体的社会影响力。第二，通过项目的实施，希望进一步引导我校人文社科领域专家、教授更加注重实际、实例与实体研究，更加关注传统与现实的结合，更加注重研究的定点和定位，更加重视科学研究资料和素材的积累。第三，通过项目实施，一个报告针对一个问题、围绕一个主题，使人文社科老师的科研活动多与社会、多与政府对接，使得研究成果的社会影响力和政府影响力都能得到充分发挥。第四，希望我校人文社科的老师与自然科学的老师形成交叉，培育新的人文社科学科发展增长点，推动学校创新团队培养和学科交叉融合。通过项目的实施，人才、团队、成果、学科、学术都能得到同步成长。

《江苏新农村发展系列报告》(2013)共分为十三个分册，分别为《江苏农村经济社会发展报告 2013》、《江苏农民专业合作组织发展报告 2013》、《江苏农村金融发展报告 2013》、《江苏乡村治理发展报告 2013》、《江苏农村社会保障发展报告 2013》、《江苏休闲农业发展报告 2013》、《江苏农业信息化发展报告 2013》、《江苏农村政治文明发展报告 2013》、《江苏农村生态文明发展报告 2013》、《江苏农村公共服务发展报告 2013》、《江苏农村文化建设发展报告 2013》、《江苏农村工业和城镇化发展报告 2013》、《江苏农村农业生产经营发展报告 2013》。各报告包括了 2013 年江苏全省农业相关领域的发展现状、总体评价、趋势分析及对策建议等；分别针对苏南、苏北、苏中专题进行评述并提出了相关建议；评析了 2013 年全省农业相关领域发展的典型案例；并附有 2013 年全省农业相关领域发展统计数据、政策文件以及发展大事记等。项目通过实证研究和探索，获得来自于农民生活、农业生产和农村社会实际的第一手资料，以期为政府决策提供真实的信息。项目实施过程中充分发挥了青年教师与研究生等有生力量的作用，既扩大了工作的影响面，又培养了人才。

总之，我校从专家集体发声、鲜明的导向、与社会及政府部门的对接、团队和学科交叉的发展这四个方面设计资助人文社会科学重大招标项目，希望对我校的人文社科发展起到积极的推动作用，能真正达到“弘扬南农传统和优势、对接古典和现实、破解农业现代化难题、振兴南农人文社科”的目的，同时为我国“三农”事业、经济社会发展，为江苏省农业科技进步、农业现代化和新农村建设作出新的贡献。

在项目的实施和发展报告的编写过程中，农业相关领域省级主管部门及各级各单位、各项目负责人及课题组成员给予了大力支持和密切配合，相关领域的领导和专家给予了指导，在此一并致以谢忱。

《江苏新农村发展系列报告》是一个全新的尝试，不足甚至谬误在所难免，还望社会各界倾力指教，以利更真实地记录江苏农业现代化进程的印迹，为美好江苏建设留下一组侧影。

南京农业大学副校长　丁艳锋

二〇一三年十二月

前　言

农村生态文明是生态文明的重要组成部分，是农村可持续发展的重要保障。党中央、国务院历来重视农村生态环境，特别是十八大以来，先后出台了一系列政策、文件，推动农村生态文明持续发展。

江苏省国土面积较小，人口密集，自然资源相对不足，生态环境承载能力较弱。改革开放以来，江苏省农村生态环境保护经历了由自发到自觉的过程，不断取得新的认识和实践成果。近年来，省委、省政府紧紧围绕实现“两个率先”的目标，坚持以推动科学发展、建设美好江苏为主题，以转变经济发展方式为主线，以生态省建设为载体，以生态文明建设工程为抓手，统筹推进经济社会发展与生态环境保护工作，为提升农村生态文明建设水平奠定了坚实基础。为了进一步提高江苏农村生态文明水平，促进农村社会经济可持续发展，课题组在南京农业大学人文社会科学重大招标项目资助下（项目编号：SKZD201302），开展了广泛深入的农村生态文明调查，基于丰富的数据资料，撰写了《江苏农村生态文明发展报告 2013》。

根据课题研究目标，课题组于 2013 年 8 月深入调查了江苏农村生态文明发展情况。首先，收集了江苏省发展和改革委员会、江苏省农业委员会、江苏省环境保护厅、江苏省住房与城乡建设厅等部门关于农村生态文明的成果资料；其次，在苏南、苏中、苏北地区进行实地抽样调查；最后，课题组对江苏省农村生态文明发展情况进行专题调研，分析了生态农业典型模式、农业生态补偿测算标准、人居环境建设农民满意度、生态农业建设中农户行为。

本报告分为总报告和分报告两部分。总报告分析了江苏农村生态文明发展历程、发展概况、发展形势，诊断了江苏农村生态安全发展水平，探讨了江苏农村生态环境保护与修复，剖析了江苏农村生态文明监测体系建设，提出了江苏农村生态文明发展思路建议。分报告分别阐述了江苏省三大区域农村生态文明建设、农村生态文明发展路径，运用调研数据探讨了生态农业典型模式、农业生态补偿测算标准、人居环境建设农民满意度、生态农业建设中农户行为。

本报告的顺利完成，得益于团队成员的共同努力，感谢大家的辛勤付出。江苏省环境保护厅、淮安市农业委员会、洪泽县农业委员会、涟水县农业委员会、大丰市农业委员会等部门提供大量数据资料，并提出许多中肯、宝贵的建议，在此致以衷心的感谢。

撰写江苏农村生态文明发展报告，我们既深感荣幸，又觉得责任重大。在写作过程中，我们力求全面、客观地反映江苏农村生态文明发展现状，但由于学识和知识水平有限，难免存在不当之处，敬请专家、读者不吝赐教！

陈　巍

2013 年 12 月 30 日

目　　录

第一篇 江苏农村生态文明发展总报告

第一章 导 论

一、江苏农村经济社会发展状况

江苏省位于东经 116°18′~121°57′，北纬 30°45′~35°20′，地处中国东部沿海的中部地区，东濒黄海，西北接安徽、山东，东南与浙江、上海毗邻。江苏地形以平原为主，全省平原面积 7 万多 km^2，占全省面积的 70%以上，比例居全国各省首位，主要由苏南平原、苏中江淮平原、苏北黄淮平原组成。江苏跨江滨海，河湖众多，水网密布，素有“水乡江苏”之称。全省大部分地区水系相当发达，共有大小河流和人工河道 2900 多条，陆域水面面积达 1.73 万 km^2。其中尤其以长江以南的太湖平原和长江以北的里下河平原，大大小小的河流形成蛛网状，分布极为稠密，为大面积的水网密集地带。江苏属于温带向亚热带的过渡性气候，基本以淮河为界。江苏省各地平均气温介于 13~16℃，江南 15~16℃，江淮流域 14~15℃，淮北及沿海 13~14℃，由东北向西南逐渐增高。

江苏全省拥有耕地面积 7153.1 万亩，占全国的 3.8%，人均占有耕地 0.95 亩。沿海滩涂1031万亩，占全国的 1/4，是重要的土地后备资源。江苏省际陆地边界线 3383km，面积 10.26 万 km^2，占全国的 1.06%，人均国土面积在全国各省区中最少。江苏省平原辽阔，气候温暖，雨量充沛，自然资源本底条件差异较小，适宜农田规模化经营，发展高效现代农业。农作物、林木、畜禽种类繁多，粮食、棉花、油料等农作物几乎遍布全省。种植利用的林果、茶桑、花卉等品种 260 多个，蔬菜 80 多个种类、1000 多个品种。江苏蚕桑闻名全国，名茶有“碧螺春”、“云台山云雾茶”、“芦蒿茶”、“雨花茶”等。鸟类主要是野鸡、野鸭，沿海有丹顶鹤、白鹤、天鹅等珍稀飞禽。

江苏省现辖 1 个副省级城市(辖 11 个市辖区)、12 个地级市(共计 44 个市辖区)、23 个县级市、22 个县，县(市)中包含 3 个江苏试点省直管县(昆山、泰兴、沭阳)。江苏常住人口 78 659 903 人，居全国第 5 位。江苏是长江三角洲区域的重要组成部分，是我国重要的经济中心，是近代民族工业和乡镇工业的发祥地和开放型经济最发达的地区之一，也是全国现代高科技产业和城镇密集的地区之一。江苏综合经济实力在全国一直处于前列，2012 江苏实现地区生产总值突破 5 万亿，达到 54 058.2 亿元，同比增长 10.1%，位列全国省份第二；人均突破 1 万美元达到 10 887 美元，位居全国省份第一。2012 年江苏农村居民人均收入 12 202 元，比上年名义增长 12.9%，扣除价格因素后，实际增长 10.1%。江苏城乡居民收入比 2.43∶1，是全国各省区中差异较小的省份之一。加快推进苏南转型升级，巩固苏中、苏北快速发展局面，苏中、苏北对全省经济增长的贡献份额达到 42.3%，提高了 2.9 个百分点，全面实施沿海地区发展规划，江苏省县域经济规模大且百强县综合实力突出。

二、农村生态文明的范畴及本报告的基本框架

1. 农村生态文明的范畴

生态也称自然生态，是指生物与生物之间以及生物与环境之间存在的相互关系与状态，有其独特的发展规律。生态文明是人类为了实现人与自然之间关系的和谐，在维护社会经济和自然生态系统整体利益的基础上，在改造自然以造福自身的过程中不断地克服负面影响，以建设良好有序的生态环境和运行机制而作出的全部努力和诸多成果，它是人类在处理与自然的关系时所达到的文明程度或生态环境状况，是充分发挥人的主观能动性，按自然规律、社会规律建立起来的人与自然、人与社会良性运行和谐发展的社会文明

形态，它使现代经济社会发展建立在生态系统良性循环的基础之上，实现人与自然的共同进化，是人与社会进步的重要标志(刘苗荣，2007；周雪，2009)。

生态文明建设是一项系统性工程，按照区域划分的不同，可将该项伟大的建设工程分为城镇生态文明建设和农村生态文明建设两大部分，其中后者更具有基础性地位(戴圣鹏，2010)。农村生态文明是指农民在进行农业生产和生活的过程中，不断优化农村内部环境和相关关系，从而在改善农村生态环境、生活面貌和农民素质等方面所取得的综合性的物质和精神文明成果(王先菊，2012)。因此，农村生态文明是其物质和精神两种成果的双发展与双丰收(戴圣鹏，2008)。本书认为，当前农村生态文明建设的主要内容应该包括以下四个方面：生态环境建设、生态产业建设、人居环境建设、农村生态文化建设。生态环境建设是农村经济可持续发展的基础；生态产业建设是农村经济可持续发展的重要保障；人居环境建设是农民安居乐业的“物质家园”；农村生态文化建设是农民安居乐业的“精神家园”。

2. 农村生态文明科学发展的内在要求

1) 改变农村发展方式

为了实现农村生态文明，必须转变农村过去粗放的发展方式和生产模式，形成资源节约型和生态保护型的产业结构和增长方式，以促进农村生产和发展的可持续性(杨斯玲等，2011)。为了达到可持续发展的要求，要大力推进农村生态产业工程，发展生态化农业和工业，走生态效益型的发展道路。想要发展生态农业就必须在农业生产中体现出保护生态环境和维护生态平衡的精神，并注重保护资源、能源以达到循环利用，同时积极推进绿色化生产，最终实现社会经济效益和生态环境效益的协调统一发展(周雪，2009)。发展生态工业要求调整一些乡镇企业的产业结构及布局结构，对其进行统一规划与综合治理，提高资源的利用率，尽量减少其对周围环境带来的负面效应，正确处理好眼前利益与长远利益之间的关系。

2) 优化农村人居环境

摆脱农民落后的生活方式、优化农村人居环境，是实现农村生态文明建设的重要目标之一。

针对农村存在的问题，重点要放在村容村貌的根本性改善上，以实现农村生产生活的净化、绿化、亮化、硬化及沼气化。净化是对村庄内部环境卫生状况的彻底性改善，以治理脏、乱、差等不良现象，如垃圾的分类回收、无害化处理乃至循环利用，生活污水的有效处理，生态厕所的有序建设等。绿化是指在村内除道路外的多数地方，大力栽种花草树木，提高农村绿化率，以形成村里村外绿树环抱、花团锦簇、鸟语花香的和谐环境氛围。亮化是指在村内主村道和干道上安装路灯。硬化是指村里主村道应形成一定的硬化路面，以连接各家各户和就近公路。沼气化是指将农村生活垃圾、人畜粪便、庄稼秸秆等废物，经科学处理后变成沼气，以供农民做饭或照明所用，同时加以有效管理(周雪，2009)。

3) 改善农村生态环境

农村生态环境是农村生态文明发展的基础。不合理的农村生产生活方式是农村生态环境问题产生的根源(杨斯玲，2011)。农村生态环境问题，既不能单用农村卫生工程来解决，也不能依靠单一的环境整治措施来解决。为了改善农村生态环境，必须把污染问题解决在生产生活单位内部，把环境保护与农业增效、农民增收结合起来，用效益吸引农民自觉参与。一方面，从农村生产生活的源头抓起，通过建立清洁化的生产生活方式，来减少外部投入品的使用量和污染物的排放量；另一方面，三位一体地推进农业生产、农民生活和农村生态，将“生产、生活、生态”有机地整合在一起(杨斯玲，2011)。

4) 建设农村生态文化

生态文化是反映人、自然、社会三者之间和谐相处的一种社会文化。生态文化是生态文明的重要组成，也是时代赋予社会文化的一种重要使命，它影响着人们的思想、观念和精神向生态化方向发展。农村生态文化能够逐渐促使农民生态观念的形成，进而将生态道德思想日益渗透到农民的日常行为意识之中。高质量的农村生态文化建设是农村生态文明建设的重要支撑与必要条件。

为了实现农村生态文化的建设与培育，首先需要加强农民的生态意识、生态道德和生态知识教育(刘省贵，2012)。因为从长远来看，农村生态文明建设事关国家经济社会的可持续发展；就短期而言，农村生态文明建设是涉及千家万户的民生工程。民生工程是要在共享中共建、共建中共享。农民不只是保护和改善农村生态环境的受益者，更应该是参与者。建设农村生态文明，农民是主体。农民逐渐发展和日渐成熟的生态文明意识，可以为农村的生态文明建设提供持久性的动力支持和价值导向。在培育农村生态文化的过程中，同时要注重农民的生态道德教育，树立其尊重自然、维护生态的道德情操，唤起农民珍爱自然资源和自然生命的道德良知，自觉承担起农村生态文明建设的重大责任，担负起维护人类整体及子孙后代利益的责任与义务(戴凤霞，2011)。同时，要针对农村干部、群众进行农村生态知识的培训与教育，彻底改变他们传统粗放式的发展思维和模式，培养他们正确的幸福观、发展观、政绩观，引导他们对生态效益的关注，树立他们保护生态和建设生态的环保意识，从而使农村干部、群众能够真正成为农村生态文明建设的忠实践行者和推动者(刘省贵，2012)。

由此可见，建设农村生态文明就是在保证农村生态环境良性循环的前提下，从农村经济、农村面貌、农村环境、农村社会等方面因地制宜地进行全方位的生态化建设，把以人为本的科学发展观作为指导思想，以提高农民的生态意识、优化农村的生态环境、建设文明生态乡村为目标，以改善农村生活垃圾、生活污水等环境卫生为突破口，动员组织广大农民群众进行农村基础设施、生态环境和精神文明建设，引导农民养成科学、文明、健康的生活习惯与方式，促进农村物质文明、政治文明、精神文明与生态文明的协调发展，把农村建设成为社会、经济、生态协调发展的环境宜居型地区，实现人与自然、社会之间的和谐共生、可持续发展(唐正彬，2009)。

3. 本书的基本框架

江苏农村生态文明发展报告包括总报告、分报告和附录。总报告共分五章，分别为第一章导论，第二章江苏农村生态安全发展，第三章江苏农村生态环境保护与修复，第四章江苏农村生态文明监测体系建设，第五章江苏农村生态文明发展思路建议。

分报告共分四章，第六章为苏南区域农村生态文明发展分析，第七章为苏中区域农村生态文明发展分析，第八章为苏北区域农村生态文明发展分析，第九章为江苏农村生态文明发展专题。

附录包括 2013 年江苏省农村生态文明发展政策文件和 2013 年江苏省农村生态文明发展大事记。

三、江苏农村生态文明发展历程

江苏土地面积较小，人口密集，自然资源相对不足，生态环境承载能力较弱。改革开放以来，江苏省农村生态文明建设经历了由自发到自觉的过程，不断取得新的认识和实践成果。20 世纪 80 年代，在发展乡镇企业、推进工业化进程中，江苏省提出“既要金山银山，又要绿水青山”，积极推进环境保护和生态建设。20 世纪 90 年代中期，在发展开放型经济、推动城市化进程中，江苏省把可持续发展确立为经济社会发展的主要战略之一，环境保护和生态建设得到加强。

进入 21 世纪以来，在江苏省委、省政府的正确领导下，全省上下积极探索农村生态文明建设的江苏路径。2000 年，江苏省委九届十二次全会提出“积极推进生态省建设”。2001 年，省人大常委会通过《关于加强环境综合整治推进生态省建设的决定》；2004 年，批准实施《生态省建设规划纲要》；2006

年，省委省政府出台《关于坚持环保优先促进科学发展的意见》。2010 年，省委、省政府召开生态省建设大会，出台《关于加快推进生态省建设全面提升生态文明水平的意见》。2011 年，省委、省政府召开全省城乡建设暨生态文明建设工作会议，出台《关于推进生态文明建设工程的行动计划》。2012 年，省委、省政府举行生态文明建设工程启动仪式，下达生态文明建设工程“五年任务书”，生态文明建设有序推进，成效明显。2013 年 5 月，省委、省政府出台了关于贯彻落实《苏南现代化建设示范区规划》的实施意见，提出扎实推进生态文明建设，加快建设美丽苏南。

在新的历史阶段，面对日益趋紧的资源环境约束，江苏的农村生态文明建设比以往任何时候都更加紧迫。2013 年 7 月，省委、省政府下发了《关于深入推进生态文明建设工程 率先建成全国生态文明建设示范区的意见》，更大力度推进绿色发展、着力建设生态宜居环境、积极推进生态文化建设、创新生态文明建设制度、完善生态文明建设保障体系。

为进一步提升农村生态文明建设水平，省委、省政府在《江苏省生态文明建设工程行动计划》的基础上，率先出台了全国首个省级生态文明建设规划——《江苏省生态文明建设规划(2013~2022)》，指出江苏省推行循环清洁生产方式、持续改善环境，提出“经过 10 年左右时间的不懈努力，实现生态省建设目标，率先建成全国生态文明建设示范区”。

2013 年 11 月，中共江苏省委出台了贯彻落实《中共中央关于全面深化改革若干重大问题的决定》的意见，提出“推动生态文明制度建设，创建生态文明示范区”，深入贯彻落实十八届三中全会精神，与时俱进。

四、江苏农村生态文明发展概况

江苏跨江滨海，平原辽阔，水网密布，湖泊众多，具有良好的自然禀赋。近年来，省委、省政府紧紧围绕实现“两个率先”的目标，坚持以推动科学发展、建设美好江苏为主题，以转变经济发展方式为主线，以生态省建设为载体，以生态文明建设工程为抓手，加强顶层设计，制定政策措施，印发领导小组及成员单位职责、建设考核办法、工作分解落实方案、重点推进项目表、各省辖市建设工程五年任务书、建设考核细则等，建立健全目标任务分解机制、协同推进机制、督查考核机制，统筹推进经济社会发展与生态环境保护工作，为提升农村生态文明建设水平奠定了坚实基础。江苏农村生态文明发展主要体现为“五位一体”凝合力、“六大行动”显成效。

1. “五位一体”凝合力

江苏省将生态文明建设放在突出地位，通过各种政策措施，将农村生态文明建设深刻融入到经济建设、政治建设、文化建设、社会建设的各方面和全过程。

在融入经济建设方面，江苏省发展改革委员会出台《关于进一步加快发展现代服务业的若干意见》、《江苏省“十二五”循环经济发展规划》、《江苏省“十二五”培育和发展战略性新兴产业规划》、《江苏省应对气候变化规划（2011~2020 年）》等多部文件，江苏省经信委印发《江苏省创建清洁生产先进企业管理办法（试行）》，出台一系列促进节能减排的政策措施，有力地加快经济结构调整，促进绿色发展、循环发展、低碳发展。

在融入政治建设方面，江苏省委组织部印发《关于建立促进科学发展的党政领导班子和领导干部考核评价意见》，把资源消耗、环境损害、生态效益纳入领导干部评价体系。江苏省统计局建立了《江苏省生态省建设（生态文明建设工程）统计报表制度》，进一步强化对农村生态文明建设的监测评价。

在融入文化建设方面，江苏省环境保护厅与江苏省委宣传部、江苏省文明办等单位联合组织开展了“生态江苏在行动”大型群众性环保公益活动，举办“生态文明号”、“生态文明使者”评选活动，树立一批农村生态文明建设先进典型，生态文化得到广泛传播，生态文明理念渐入人心。

在融入社会建设方面，江苏省住建厅制定实施《全省美好城乡建设行动方案》，加强饮用水源地保护与区域供水建设，保障居民饮用水安全。江苏省物价局制定一系列价费政策，积极推动生活方式绿色化。江苏省科技厅、水利厅、林业局、海洋渔业局等部门也结合各自职能，明确了推进农村生态文明建设工程的具体举措，全社会齐抓共建农村生态文明的合力日益增强。

2.“六大行动”显成效

一是节能减排行动取得新进展。严格控制高耗能、高排放行业过快增长，2012 年单位 GDP 能耗下降了 4.98%，大大低于全国平均水平。太湖流域实现了建制镇污水处理设施全覆盖，全省建制镇污水处理设施覆盖率达 65%，危险固废和医疗废物年处置能力达 26.3 万吨。

二是绿色增长行动取得新进展。不断优化产业结构，切实提高环保准入门槛，2012 年否决 247 个不符合环保要求的项目，积极开展工业企业（园区）生态化、循环化改造，已建成 7 个国家生态工业示范园区。大力发展生态农业，建成全国绿色食品原料标准化生产基地 1395.83 万亩，“三品”认证累计有效数 15497 个，农药施用量连续 7 年下降，化肥施用量连续 3 年下降，全省规模养殖场畜禽粪便无害化处理和资源化利用率达 82%。

三是碧水蓝天工程取得新进展。加强太湖治理，太湖蓝藻密度逐年下降，湖体水质稳步改善，2012 年度湖体综合营养状态指数为 56.5，同比下降 0.8。淮河流域治污力度进一步加大，水质达标率超过 90%，南水北调东线干线水质基本达到国家确定的通水要求，全省 125 个国控断面水质达到或优于Ⅲ类的比例提高 19.2 个百分点，劣于Ⅴ类的比例减少 16.8 个百分点。大力改善农村环境质量，统筹实施农村环境整治和村庄环境整治，6 万多个村庄已经完成村庄环境整治任务，20 个县（市、区）、217 个建制镇开展农村环境连片整治试点，建成大量垃圾收运中转设施、生活污水处理设施和畜禽粪便综合处理设施，农村环境面貌显著改善。

四是植树造林行动取得新进展。实施了江河湖海防护林、丘陵岗地植被恢复、绿色通道、村庄绿化、野生动植物及湿地保护等一批重点林业生态建设工程。江苏省森林面积从 2002 年的 1188 万亩增加到 2723 万亩，省级以上公益林面积达 526 万亩,林木覆盖率年均增长 1.1 个百分点,2012 年达 21.6%。

五是生态保护与建设取得新进展。严格实施主体功能区规划，编制《全省生态红线区域保护规划》，实施总量、空间、项目"三位一体"的环境准入机制，确保受保护地区占全省国土面积 20%以上，基本农田不被侵占。累计恢复湿地 17.1 万亩，受保护自然湿地面积达 756 万亩。逐步建立省级生态补偿转移支付制度。

六是生态创建行动取得积极进展。基层和行业生态示范创建水平领先全国，到 2012 年年底，江苏省建成生态市、县（市、区）22 个、国家环境保护模范城市 21 个、全国绿化模范市 2 个、全国绿化模范县（市）24 个、国家园林县城 6 个、国家级自然保护区 3 个、国家重点风景名胜区 5 个、国家级生态工业园区 7 个。

伴随着江苏省农村生态文明建设的持续推进，生态文明建设水平处于全国领先地位。选取生态文明建设若干指标，将四个省份各指标值除以江苏省对应指标值，得到图 1-1。分析结果表明，江苏省生态文明建设效果较好。

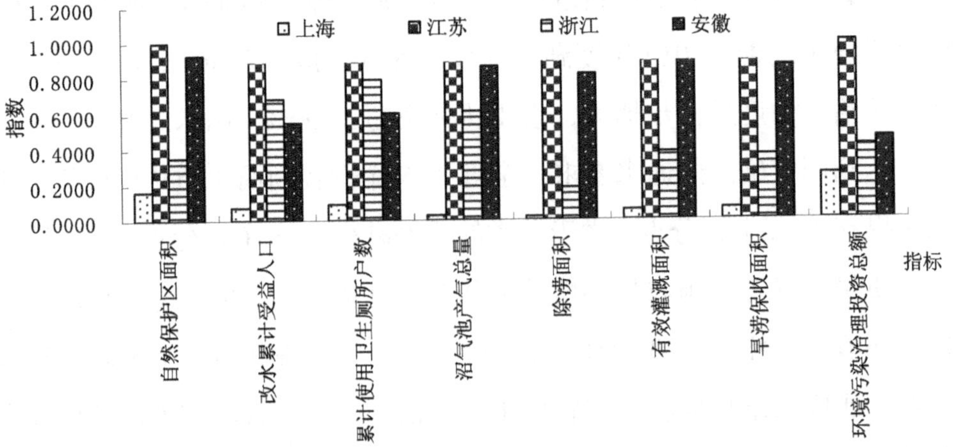

图 1-1　江苏生态文明建设与周边省份比较表

五、江苏农村生态文明发展形势

未来一段时期，江苏省农村生态文明建设将迎来大有可为的黄金发展期，面临前所未有的机遇：生态文明地位日益凸显，绿色发展成为世界潮流，"美丽中国"凝聚共同梦想，"两个率先"确立新的标杆。但农村生态文明建设也面临着巨大挑战，主要是经济社会快速发展与资源环境承载能力不足的矛盾、群众不断增长的环境需求与环境公共产品供给不足的矛盾尚未根本解决（江苏省人民政府，2013）。

1. 破解资源能源约束难度加大

江苏省土地、水、林业、矿产等资源总量较小，支撑保障能力不足。耕地资源紧缺，后备资源数量少，建设占用耕地占补平衡难度加大。全省土地开发强度接近21%，苏南地区接近28%，建设用地刚性需求与耕地保护矛盾突出。能源消费结构不尽合理，煤炭和石油消费占一次能源消费比例分别为75%和 16%。能源消耗总量大，利用效率较低，供需矛盾十分突出，92%以上的煤炭、93%以上的原油和 99%以上的天然气依靠外省或者进口。随着全省工业化和城市化步伐的加速推进，资源能源对全省发展的约束将不断加剧。

2. 转变发展方式难度加大

经济发展方式尚未从根本上发生转变，结构性矛盾依然突出，产业结构仍然偏重第二产业，高污染、高能耗行业所占比重依然较大。第一、三产业对经济增长的贡献率较低，过高依赖第二产业的发展。提高自主创新能力是一个漫长的过程，科技进步贡献率、全社会研发投入占地区生产总值比重和有效发明拥有量等与创新型省份建设的要求仍有较大差距，需要付出更大努力。

3. 改善生态环境质量难度加大

生态环境总体上仍没有迈过高污染、高风险阶段，环境问题呈现压缩型、复合型、结构型特点，部分生态敏感地区和重要生态功能区遭到破坏，重金属、持久性有机物和土壤污染等环境问题将集中显现，突发性环境事件呈增多趋势。实现太湖水质全面改善、淮河流域水质稳定达标、灰霾天数大幅减少、农村环境明显改善、重要生态功能区有效保护等目标，需要在更加广泛的领域和更加深入的层面推进污染治理及生态修复。

4. 农村生态文明制度建设有待加强

农村生态文明制度建设不太健全，农村生态文明建设考核奖惩机制不太完善，循环经济、生态修复、环境公益诉讼、生态补偿等重点领域的地方法规尚未出台，环保责任追究和环境损害赔偿制度有待进一步加强。资源有偿使用和生态补偿等机制没有全面建立，排污权交易、绿色信贷、环境责任保险等仍处于探索与试点阶段，促进农村生态文明建设政策的完整性、系统性和有效性不足。

5. 农村生态文明意识有待加强

农村生态文明建设意识不强，部分领导干部还未曾充分认识到农村生态文明建设的重要性，在执行节约优先、环保优先的方针时态度不够坚决，甚至有些地方仍存在以牺牲环境利益为代价来换取经济增长的现象。企业环保责任意识不强，超标排放、非法排污、恶意偷排等行为依然存在。农村生态文明理念还不牢固，尊重自然、顺应自然、保护自然的意识还没有真正形成。传统粗放的生活方式和消费理念仍未发生根本性转变，人们还没有形成真正的自觉遵守绿色消费、绿色出行等道德准则和行为规范。

第二章　江苏农村生态安全发展

一、江苏农村生态安全运行机理

1. 江苏农村生态安全产生基础

1) 农村生态系统结构

生态系统是指生命系统和非生命的环境系统在特定空间内的组合。根据地域空间的差异，可将生态系统划分为三种不同的类型：城市生态系统、农村生态系统与纯自然生态系统。农村生态系统是指在农村地域内通过将一定形式的物质与能量进行交换而联系在一起的生命系统与非生命系统的共同有机体，二者之间相互制约、相互作用。农村生态系统以其独特的生态结构和生态功能区别于另外两类生态系统。从组成上看，农村生态系统是一个由自然生态子系统、农业生态子系统、村镇生态子系统共同组成的复合系统(陈佑启，2000)。

自然生态子系统是自然界选择—适应过程的产物。系统中的生物物种拥有环境所允许的最大程度的多样性。生物物种之间复杂的相互作用关系可以有效地调控整个系统的生物种群水平，使自然生态系统具有能够抵御外界变化的缓冲能力和较高的综合生产力。自然生态系统的所具备的基本功能指向是该系统可以动态地维持最大的复杂性和最高的生物量。可以说自然生态子系统的能量流动是一个由绿色植物自我启动的自持续过程。能量转化为生物物质在系统中积累、流动，其中一部分在流动的过程中散失于环境。同时，随着地质循环和生物循环过程的不断演变，各种生物营养元素在生物体和土壤中逐渐富集。因此，自然生态子系统的运行主要受太阳能、生物能的支配与自然规律的制约，具有较为强烈的自然节律性，与纯自然生态系统略有相似(陈佑启，2000)。

村镇生态子系统的属性则与城市生态系统相接近，主要由非农活动组成，人类社会的经济发展规律是村镇生态子系统的主导因素，而化石能是整个系统运行的主要能源(陈佑启，2000)。村镇生态子系统同时又具有人工系统的典型特征，在该系统中，原有的自然生态系统的结构与功能均发生了根本的变化，人类的社会经济活动及人类自身的再生产成为影响整个生态系统运行与发展的决定性因素。

农业生态子系统则是自然与人类交互作用的结合区，它同时受到自然规律和经济规律的制约与支配(陈佑启，2000)。在农业生态子系统中，生产者和消费者在空间上是相互分离的，大量的能量和养分随着产品的输出被运送到系统之外，具有明显的开放性。每次作物收获或畜禽出栏就意味着整个系统中能量流动的结束，系统的继续运行需要依靠人类的再次投入来重新启动。农业生产子系统中的持久性生物量降低，循环养分数量减少，自然维持系统养分平衡的能力很小。同时，由于地面植被覆盖率下降，有相当数量的养分将会随着淋溶、侵蚀而逐渐散失。对于人工选择的农业生物物种来说，尤其在产出水平较高的情况下，自然系统的资源条件与农业生物生长发育的资源需求不相适应。此外，自然循环过程也无法再次恢复或转移流失的那部分能量和养分。

因此，在农村生态系统中，自然生态子系统是基础，农业生态子系统是主体，村镇生态子系统则是不可缺少的重要组成。

2) 江苏省农村生态系统功能

(1) 能量流动、物质循环和信息传递功能

生态系统在物质生产、能量流动、物质循环及信息传递的过程中具有整

体性、独特性的特征。首先，从各区域间的农村生态系统中能量的流动和转移的方式可以看出，能量具有多种多样的存在方式，具体包括来自光源的光量子以波状运动形式传播的能量，即辐射能；化合物中储存的生命活动最基本的能量，即化学能；运动者的物质所含有的能量，即机械能；电子沿导体流动时产生的能量，即电能；以任何形式参与了生命活动的能量，即生物能。生态系统中的不同形式的能量流动都遵守热力学第一、第二定律，实现能量在不同形式中转移或转化，但在转移或转化过程中，能量的总能量并没有发生变化，即遵循能量守恒定律，并且能量总是从能量的高级形式向能量的低级形式，由高能量物质流向低能量物质。

其次，生态系统中维持生命需要各种各样的化学物质，这些化学物质的供应也是在能量流动中实现的。在生态系统中，太阳能提供能量最初的来源，地球环境提供物质资源。各生命体在非生命环节中获取营养物质，实现生命体的延续发展，而非生命环境通过自身的某种特殊方式实现能量的转化而参与到物质循环中。生态系统中的物质循环遵循物质不灭定律和质能守恒定律。

生态系统中生命成分之间的信息传递是其基本功能。信息传递过程也是一种能量消耗的过程，既不能实现物质和能量相似的循环的功能，也不具有物质和能量流动的方向性，而是在信息传递的过程中双向流动，表现为信息反馈的作用。各种不同的信息形式在生态系统中发挥不同的作用，并且信息在能量流动和物质循环过程中转化成不同的信息，同时不同的信息把整个生态系统的物质循环和能量流动联系起来，使系统始终处于正常的运转状态。

(2) 生产功能

农村生态系统最基本的功能就是物质生产，为人类发展的需要，农村生态系统的生产除了满足自身的更新和演替外，还需要为人类的发展提供物质基础。农村生态系统为人类生活提供原始资源、生产的原材料和维持生活必需的粮食等；同时，农村生态系统还向农村区域外输送一些基本的生活物资，提供整个社会发展初级产品等。

(3) 生活功能

农村生态系统为农村居民提供生活和居住场所，使农村居民享受健康生活，构成了农村文化和经济发展的重要依托。农村区域作为有机整体，让农民安居乐业，同时也以其丰富的旅游资源、独特的生活方式、特有的风土人情吸纳了大量的城市人口。农村生态系统的生活功能体现在为人们追求美好生活提供必备的条件，为农村建设和社会发展提供基础的物资储备和天然能源。

(4) 生态功能

不同类型的农村生态系统都具有相似或相异的生态功能。如森林生态系统有涵养水源、水土保持等生态功能；湿地生态系统具有调节径流、调节气候、控制侵蚀的作用；农田生态系统具有调节气候、粮食生产的生态功能。在我国的广大农村地区，表现出更强的生态服务功能。

(5) 文化功能

农村生态系统的文化功能在农村发展中占有着重要地位。作为相对独立的空间，农村内部存在着相互联系且多样性的文化形式，通过相互影响和长期积淀，构成农村文化生态系统(仰和芝，2009)。农村生态系统的文化功能维持着人类文化最大的多样性，并且在历史长河中起到传承传统文化的作用，同时为广大文艺工作者提供了创造宝贵艺术作品的场所。中华民族的传统文化和特有的民族文化丰富多彩、源远流长，而这些民族文化来源于农村，依赖于农村特有的非物质环境，同时农村承担着更多的民族精神、民族文化传承的责任。农村生态系统的文化功能是农村区域社会发展的重要保证，反映了农村区域的发展水平和历史演变的规律，是中华民族宝贵的财富。

3) 江苏省农村生态系统演化

(1) 农村生态系统演化动向

一般地，从系统演化的起点到终点的走向为系统的演化方向。系统的走向既有积极的前进的演化，又有消极的后退的演化，通常积极的前进的演化占据主导地位。一般来讲，从无序到有序，从低有序到高度有序，从简单到复杂的演化是积极的前进的演化，否则就是消极的后退的演化。生态系统的复杂程度和有序化程度的增长过程就是积极的前进的演化，在该演化过程中，生态系统由最初的不稳定、无序状态，通过系统内部组成单元之间的相互作用、相互制约以及与外部环境的物质能量交换，达到有序的、相对稳定的状态。

农村生态系统从形成开始，无时无刻不在进行着演化过程。从农村生态系统发展演化的历史来看，农村生态系统从孕育、产生、发展至今，经历了一个复杂的过程。进入全新世以来，由于气候变暖导致的陆地上的冰川大量消融，人类社会得到了迅速发展，人类活动开始逐步显示出强大的力量。人类在农村生态系统中发明了农业和畜牧业，并且在工业革命以后通过向农村生态系统中的耕地投入人工合成的化肥以及农药的方式补充耕地肥力、减少病虫害的发生，提高了粮食产量。农村生态系统得到了空前的发展，农村生态系统为人类的生存和发展提供了充足的粮食和巨大的能量，工业、现代产业才得以发展。

但是农村生态系统在发展过程中也有大量的消极的后退的演化发生。如农村生态环境污染、土地退化等问题。自从 20 世纪 60 年代开始，随着人口的急剧增加、资源紧张、环境不断恶化等问题的出现，人们逐渐关注农村生态系统的安全。

(2) 农村生态系统演化特征

通过研究农村生态系统的演化过程，可以发现农村生态系统的演化过程具有一定的特征。第一，农村生态系统的演化是一个从低级到高级、从简单到复杂的有序演化过程，农村生态系统演化状态是不可逆的(梁留科等，2002)。第二，在农村生态系统演化过程中伴随着农村生态环境污染、水土流失、土地沙化、土壤污染等土地退化现象。第三，随着人活动对农村生态系统的作用强度的增加，其对农村生态系统的结构和功能的改变也越大。人类对耕地生态系统的作用远远超过了自然状态下生态系统的各种作用，而且人类的作用强度越大，耕地系统演变的速度也越快。

2. 江苏农村生态安全影响因素

农村生态安全是指在一定的时间和空间尺度内，农村生态系统处于保持自身正常功能结构和满足社会经济可持续发展需要的稳定状态(朱洪波等，2007)；在这种状态下，农村生态系统有持续均衡的自然资源可供利用，农村生态环境处于一种健康状态(龚瑞祥，2011；王湃等，2013)。由此可见，农村生态安全主要包括两个方面的含义，一是农村生态系统在人类利用自然资源过程中，自身结构合理，功能得到正常发挥；二是人类可以持续获得自然资源来满足健康生存的需要(刘丽梅等，2007)。

1) 直接影响

改革开放以来，农药、化肥以及农膜的大范围使用为江苏省农业增产、农业经济的增长作出了巨大的贡献，但同时也将大量有害化学物质遗留在耕地土壤当中，不仅导致耕地土壤污染，造成对农村生态系统最直接的影响，而且随着水土流失通过农田径流形成了对水体的有机污染、富营养化污染，甚至是地下水污染和空气污染。

过量的施用化肥对农村生态系统安全会造成严重的危害，具体体现在以下两个方面：第一，由于化肥、农药的施用方法、施用量、施用时间不合理，造成大量化肥农药随径流、泥沙等损失。有研究表明，在目前的施肥技术水平下，农田化肥的利用率仅为 30%~50%，挥发损失约 20%，淋溶损失约 10%，反硝化损失约 15%，地表径流冲刷损失约 15%，总计损失量 60%左右，在化肥损失量中约有 15%通过地表径流进入水体，造成水质污染(华春林，2009)。对水质造成的污染通过间接的方式影响农村生态系统安全。第二，化肥、农药的过量投入导致耕地土壤中硝酸盐等有害物质增加，耕地出现土壤酸化以及物理性质恶化，这将破坏土壤对有关元素的吸收，从而破坏土壤内部结构的平衡，进而导致土壤板结，严重影响了农村生态系统的安全，也威胁着产出产品的质量。

2) 间接影响

农村生态系统的间接影响因素主要包括生活污水的污染、人畜粪便的不合理排放、工业“三废”的大量排放、社会经济发展，这些因素首先对环境系统造成影响，随着环境与农田生态系统进行物质交换进入农村生态系统，威胁农村生态系统安全。

(1) 生活污水污染

生活污水在农村的污染物中也占有较大比重(贺东升等，2013)。据不完全统计，农村地区的生活污水排放量达 150 升/人 · 天(王洪营，2008)。由于农村居民点布局高度分散，因此，收集生活污水的成本十分高，除了较少靠近污水合流总管的地区对生活污水作了收纳处理外，农村生活污水绝大多数未经处理直接排放。

生活污水主要包括厕所冲洗水、厨房洗涤水、洗衣机及淋浴等其他排水，因此生活污水的主要成分较为复杂，而且极具不稳定性，不仅含有纤维素、淀粉、糖类、脂肪、蛋白质等有机物质，还含有氮、磷、钾以及铜、锰等元素(刘洪喜，2009)。生活污水中含有大量有害物质，直接排放会造成生态环境的污染，容易产生水体富营养化等问题。

(2) 人畜粪便的不合理排放

大多数养殖场的粪便和污水储运、处理能力严重不足，粪便和污水的处理率分别仅为 5.0%和 2.8%，具有污染防治设施的规模化养殖所占比例也还不到 10%，大量的粪便和污水没有经过任何形式的处理就直接被排入水体，从而加速了我国水体富营养化的趋势，以及大气的恶臭污染甚至地下水污染，畜禽粪便中所隐含的病原体也对人群健康构成了巨大威胁，而且此类污染源点多面广，治理难度大(周雪，2009)。

(3) 工业“三废”的大量排放

改革开放以来，工业化得到了前所未有的发展，大型工业企业以及小型乡镇企业都茁壮成长，第二产业的增加值已经成为江苏省国民经济的重要组成部分。与此同时，工业的发展也带来了种种问题，尤其是工业企业由城镇向农村的转移，给中国的生态环境以及中国农村生态环境造成了不利影响。

工业“三废”中含有大量的有毒有害物质以及重金属元素，大量排放不仅会造成生态环境的破坏，这些有毒有害物质沿着地表径流进入到耕地土壤中，间接地影响到农村生态系统的安全。

(4) 社会经济发展

社会经济发展因素对农村生态系统安全也产生了一定的影响，主要指农民收入水平增加、生活条件的改善，这部分影响虽然没有直接作用于生态系统，但是对农村生态系统安全造成了很大的影响。首先，农民收入的增加促进了农村居民的消费，丰富了农村居民日常消费品的数量和种类，但随着消费品的需求增加，带来的生活垃圾也日益增多，而农村本身垃圾收集处理能力落后，生活垃圾、生活污水所带来的污染日益严重；其次，农民收入的增加刺激农民投入更多的化肥和农药，进一步增加了农村生态系统的环境压力。

二、江苏农村生态安全水平分析

1. 评价指标体系构建

1) 农村生态安全的 PSR 框架机理

农村生态安全评价是以农村生态系统为评价对象，对一定时间、一定区域的自然生态要素、社会经济要素进行综合评价，它本质上是一种诊断评价，目的是诊断由人类活动、自然因素引起的农村生态系统破坏程度，剖析农村生态安全的制约因素，以便发出预警，为管理者提供决策（郑华伟等，2012）。“压力-状态-响应”(PSR)概念模型是由联合国 OECD 和 UNEP 提出的(Rainer, 2000)，该模型以因果关系为基础，即人类活动对环境施加一定的压力；环境改变了其原有的性质或自然资源的数量(状态)；人类社会采取一定的措施对这些变化作出反应，以恢复环境质量或防止环境退化(仇蕾，2006)；它突出了环境受到的压力和环境退化之间的因果关系，压力、状态、响应三个环节相互制约、相互影响，正是决策和制定对策措施的全过程(颜利等，2008)。PSP 概念模型主要目的是评价生态系统的持续性，分析生态系统内在的因果关系，寻找人类活动与生态环境影响之间的因果链(从生态系统面临的压力出发，探讨生态系统的结构与功能，制定缓解生态系统压力的政策措施)，得到较为普遍的认可与应用,因此可以借助 PSR 概念模型开展农村生态安全分析与诊断。

在农村生态安全评价中引入 PSR 概念模型，可以从总体上反映农村生态系统、社会经济发展目标与管理决策之间的相互依存、相互制约的关系(图 2-1)：人口增长、经济社会发展给农村生态系统带来巨大的压力(P)；人类不断开发自然资源，通过社会经济活动向农村生态系统排放污染，改变了农村生态系统结构与功能状态(S)；压力之下，农村生态系统在原有状态基础上作出反应，同时反馈于社会经济的发展过程；人类对农村生态系统的反馈进一步作出响应(R)，进行政策调整、环境保护等，改善农村生态系统状态，使之保持良好的结构与功能，进而实现可持续发展(高珊和黄贤金，2010)。

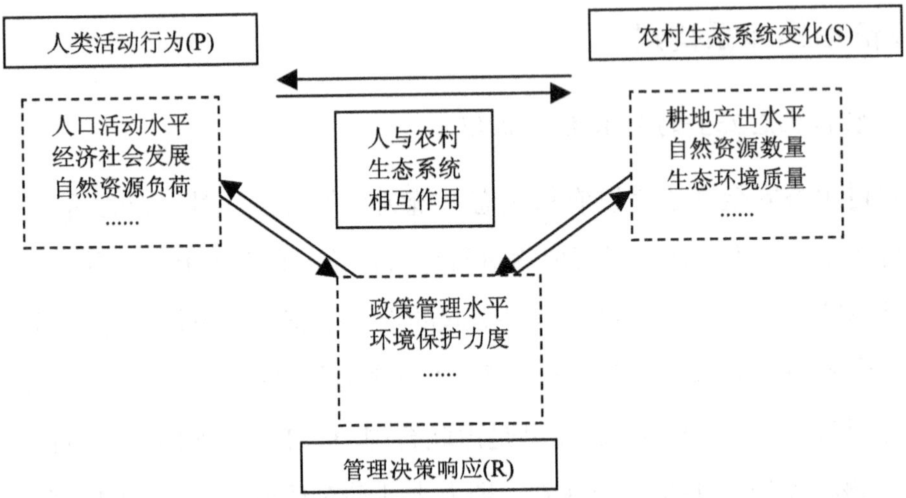

图 2-1　农村生态安全评价的 PSR 模型框架

2) 评价指标体系构建原则

建立评价指标体系实际上是在充分分析被评价对象的基本结构和特征的基础上，从某种层面上模拟评价对象的运行机制，研究评价指标对农村生态安全的意义。一个客观的农村生态系统，本身就是科学、全面和动态的，因此，评价指标体系的设计既要符合评价体系的一般原则，又要概括被评价对象的基本结构和特征。

第一，科学性原则。为了保证评价结果的真实性和客观性，指标体系应建立在科学的基础之上。根据区域农村生态系统的客观演变规律，在农村生态安全理论基础之上采用能够充分反映农村生态安全的内在机制的分析模型，提出能够反映农村生态安全涵义和目标实现程度的指标，使得各指标概念明确，具有一定的科学内涵，同时建立各指标之间的逻辑关系。

第二，全面性原则。维持人类的生存与可持续发展，并与自然环境保持动态平衡，是评价农村生态安全的最终目的。农村生态安全是对农村生态系统全面的要求，因此，指标体系要能够全面地反映农村生态系统的各个方面，包括人口、资源、污染和生态治理等方面的指标；同时，又要有反映以上各系统相互协调的指标。

第三，动态性原则。科学研究表明，世间万物都处于动态变化之中，农村生态安全也是不断演变着的。人类对农村生态安全的研究是持续进行并不断发展的过程，农村生态安全既是一个目标，又是一个过程，因此，指标体系的建立要具有动态模拟性，要根据时间、地点对应分析，保持足够的活性空间。动态指标能够综合反映农村生态安全的趋势和现状特点。

第四，可比性原则。可比性是得到准确结果的基础和先决条件，要求指标数据的获得和计算应具有统一的口径和标准，以便保持数据的可比性，从而有利于对研究对象进行长期观察和探索。可比性原则认为指标体系内部尽可能使用通用指标，使同类指标在内涵和计算方法上保持一致。

第五，现实性原则。现实性原则要求农村生态安全评价指标体系要符合现实情况和要求。一方面要反映不同区域的要求，另一方面要与社会发展要求相协调。因此，农村生态安全评价在选取评价指标时，应根据区域条件，尽可能从现有资料(如土地利用现状调查、土壤普查和统计年鉴等)成果中选择，必要时做适当的外业补充调查。

3) 评价指标体系构建步骤

农村生态系统是一个生态经济系统，利用或管理的结果可以用一系列的定性和定量指标来表达，将这些评价指标根据一定的原则结合起来，构建合理的农村生态安全评价指标体系是进行科学评价的前提。由于农村生态安全评价是一个系统性的工作，评价指标设计的合理与否将直接关系到评价结果的有效性，并对进一步采取的农村生态安全改进措施产生影响，因此评价指标体系的构建必须按照科学的程序来实施。在参考国内外相关研究建立的指标体系经验的基础上，本书建立农村生态安全评价指标体系的步骤主要包括明确评价目标、设计评价内容结构和拟定评价指标三个过程(高喜珍，2009)。

第一，明确评价目标。农村生态安全评价的目标是根据农村生态系统的特点，选取影响农村生态系统安全的相关因素构建评价指标体系，以此来评价一定时间和空间范围内的农村生态安全状况和安全程度，并找出影响农村生态安全的主要障碍因素，为进一步采取相关措施改善生态安全状况提供参考。确定评价目标是构建评价指标体系的首要环节，它为评价者和评价对象提供了连接的纽带，并始终在具体的农村生态安全评价过程中体现。农村生态安全评价的过程起始于对评价目标的深刻认识，如果所构建的评价指标体系难以达到评价之初所设定的目标或与评价目标有一定的差距，则这个指标体系就是不成功的，需要进一步完善。如果没有明确的评价目标，农村生态安全评价就会失去方向，因此，可以说评价目标是整个农村生态安全评价体系运行的指南针。评价指标体系的构建就是通过把这些农村生态安全评价目标转化为可操作的、具体的指标或任务。

第二，设计评价内容结构。在明确了农村生态安全评价的目标之后，设定评价指标体系的框架和维度就成了一项非常紧迫的任务。当为农村生态安全评价目标制定评价指标体系时，我们首先碰到的问题就是如何选用合理的评价指标以及指标要怎样分层体系化这样的问题。例如，在指标体系选择上，有“压力-状态-响应”(PSR)、“自然-经济-社会”和“数量-质量-生态”等指标体系可供选择，这些指标体系可能都会达到评价目标，但不同的评价指标所需要的内容结构是不一样的，必须根据实际情况加以选择。如果没有一个恰当的框架结构，整个指标体系就会显得杂乱无序，在增加评价难度的同时还会降低评价的精度。因此，设计一个科学合理的评价内容结构是有效开展农村生态安全评价的核心。

第三，拟定评价指标。评价指标的拟定与选择是指标体系构建过程中最困难但也是最重要的一步，科学合理地选择评价指标是评价能够有效开展的基础。农村生态安全评价指标的选择在遵循科学性、全面性、动态性、可比性和现实性原则的同时，还要处理好以下几对关系：数量指标与质量指标的关系、客观指标与主观指标的关系以及内部指标与外部指标的关系等。根据前述的评价内容结构，根据指标的性质和含义，再分别将各个指标归并到相应的层次下。

4) 农村生态安全评价指标体系

根据农村生态安全的PSR框架机理、评价指标体系构建原则、构建步骤等，建立农村生态安全评价指标体系(表2-1)。由于时间序列数据收集的限制，农村工业污染排放量、森林覆盖率、农村改水累计受益率、农村卫生厕所普及率、农村沼气池产气量、自然保护区建设等指标没有纳入评价模型。

表2-1　农村生态安全评价指标体系及其标准值

目标层	准则层	指标层	评价函数	标准值	
				安全值	不安全值
农村生态安全	压力	人口密度/(人/km²)	总人口除以土地总面积	360	900
		人口自然增长率/‰	—	2	15
		单位耕地化肥负荷/(kg/hm²)	化肥施用量除以耕地面积	275	900
		人均耕地面积/(hm²/人)	耕地面积除以总人口	0.150	0.053
		单位耕地农药负荷/(kg/hm²)	农药使用量除以耕地面积	6	30
		单位耕地农膜负荷/(kg/hm²)	农膜使用量除以耕地面积	9	35
	状态	人均水资源量/(m³/人)	—	900	250
		土地垦殖率/%	耕地面积除以土地总面积	50	15
		耕地粮食单产/(kg/hm²)	粮食总产除以耕地面积	8 000	3 000
		灾害指数/%	受灾面积除以农作物播种面积	6	50
	响应	农民人均纯收入/(元/人)	—	12 500	2 500
		有效灌溉面积比/%	有效灌溉面积除以耕地面积	85	40
		单位耕地农业机械动力/(kW/hm²)	—	10	2
		教育投资强度/%	教育投资量除以财政支出总量	35	8

2. 评价模型建立

1) 标准化处理

为了统一各评价指标的单位与量纲，本书采用极差法对数据标准化处理(邓楚雄等，2011)，具体计算公式如下：

正向作用指标：$X'_{ij}=(X_{ij}-\min X_j)/(\max X_j-\min X_j)$ (2-1)

负向作用指标：$X'_{ij}=(\max X_j-X_{ij})/(\max X_j-\min X_j)$ (2-2)

式(2-1)、式(2-2)中，X_{ij} 和 X'_{ij} 分别为第 i 年第 j 项指标的原始值和标准化值，$\max X_j$ 和 $\min X_j$ 分别为第 j 项指标的标准最大值和标准最小值。

2) 指标权重的确定

对于农村生态安全，不同评价指标的影响程度存在一定的差异，为了反映这种差异性，需要对评价指标赋以一定的权重，本书采用改进的熵值法来确定评价指标权重，主要步骤如下(郑华伟等，2012)。

第一，评价指标标准化处理。由于不同的指标具有不同的量纲和单位，为了消除量纲和量纲单位的不同所带来的不可公度性，需要对指标数据用标准化法进行变换：

$$X''_{ij}=(X_{ij}-\bar{X}_j)/s_j \quad i=1,\ 2,\ \cdots,\ m;\ j=1,\ 2,\ \cdots,\ n$$

式中，X''_{ij} 为标准化后的指标值，$\bar{X}_j$ 为第 j 项指标的均值，s_j 为第 j 项指标的标准差。

第二，为了清除负数，进行坐标平移。

$$X'''_{ij}=H+X''_{ij}$$

式中，X'''_{ij} 为平移后的指标值，H 为指标平移的幅度。

第三，计算第 j 项指标下的 i 个样本值的比重 $P_{ij}=X'''_{ij}/\sum_{i=1}^{m}X'''_{ij}$。

第四，计算第 j 项指标的熵值。$e_j = -k\sum_{i}^{m} P_{ij}\ln P_{ij}$，其中 $k>0$，ln 为自然对数，$e_j>0$。如果 X_{ij}''' 对于给定的 j 全部相等，那么 $P_{ij} = X_{ij}'''/\sum_{i=1}^{m} X_{ij}''' = 1/m$，此时 e_j 取极大值，即 $e_j = -k\sum_{i=1}^{m}\frac{1}{m}\ln\frac{1}{m} = k\ln m$。若设 $k = 1/\ln m$，$e_j=1$，所以 $0 \leqslant e_j \leqslant 1$。

第五，计算第 j 项指标的差异性系数 g_j：$g_j = 1 - e_j$。

第六，定义第 j 项指标的权重 w_j：$w_{ij} = g_j/\sum_{i=1}^{m} g_j$ (j=1，2，…，n)。

3) 计算综合指数

农村生态安全评价的单项指标只能从某一侧面反映农村生态系统的安全状况，只有根据相应的权重，将各评价指标标准化值逐层合成综合指数，才能反映农村生态安全整体状况，具体采用如下加权函数法合成农村生态安全综合指数(邓楚雄等，2011)。

$$F = \sum_{i=1}^{3} w_i \cdot (\sum_{j=1}^{n} X_{ij}' \cdot w_{ij}) \tag{2-3}$$

式(2-3)中，F 为农村生态安全综合指数，w_i 为第 i 子系统权重，w_{ij} 为第 i 子系统第 j 项指标权重，n 为第 i 子系统所包含的指标数。F 越接近 1，表示农村生态系统的安全状况越好。

在借鉴国内外生态系统安全等级划分的基础上，将农村生态安全级别分为：安全、较安全、临界安全、较不安全和不安全 5 个等级(表 2-2)。

表 2-2　农村生态安全分级标准

综合指数	0.8~1.0	0.6~0.8	0.4~0.6	0.2~0.4	0~0.2
等　级	安　全	较安全	临界安全	较不安全	不安全

4) 障碍因素诊断

为有效提高农村生态安全水平，有必要对单项指标和分类指标的障碍作用大小进行评估，找出阻碍农村生态安全的主要障碍因素。障碍因素计算采用因子贡献度、指标偏离度和障碍度三个指标来进行分析诊断，因子贡献度(V_j)表示单项因素对总目标的影响程度，即单因素对总目标的权重($w_i \cdot w_{ij}$)，指标偏离度(x_{ij})表示单项指标与农村生态安全目标之间的差距，设为单项指标标准化值与 100%之差；障碍度(Y_i, y_i)分别表示第 i 年分类指标和单项指标对农村生态安全的影响，是农村生态安全障碍诊断的目标和结果，计算公式如下(吴开亚，2008；鲁春阳等，2011)。

$$x_{ij}=1-X'_{ij} \tag{2-4}$$

$$y_i = x_{ij} \cdot V_j / \sum_{j=1}^{n}(x_{ij} \cdot V_j) \cdot 100\% \text{，} \quad Y_i = \sum y_i \tag{2-5}$$

3. 评价标准制定

评价标准的制定是农村生态安全评价的关键环节，现阶段农村生态安全评价在我国尚处于探索阶段，还没有统一的评价标准；农村生态安全的评价标准不仅复杂，而且需要因地制宜(张锐等，2013)。评价标准的确定主要参考国家、行业及国际相关标准，科学研究的判定标准，研究区域本底背景值，全国平均水平等(何蓓蓓，2009；郑华伟等，2012)，具体标准见表 2-1。

4. 数据来源

农村生态安全评价指标数据主要来源于《江苏统计年鉴》、《江苏农村统计年鉴》、《中国统计年鉴》、《中国农村统计年鉴》、《中国农业年鉴》和江苏省土地利用变更调查数据等。

5. 结果分析

1) 江苏省农村生态安全水平

对 2000~2012 年江苏省农村生态安全综合指数变化走势分析表明（图

2-2)，江苏省农村生态安全综合指数总体处于改善上升趋势，农村生态系统安全状况将会得到进一步改善。江苏省农村生态安全综合指数由 2000 年的 0.4881 上升到 2012 年的 0.6012，农村生态安全不断好转，年均增长率达到 1.93%，表明农村生态安全水平不断提高。根据农村生态安全分级标准(表 2-2)，农村生态安全等级由“临界安全”转变为“较安全”。

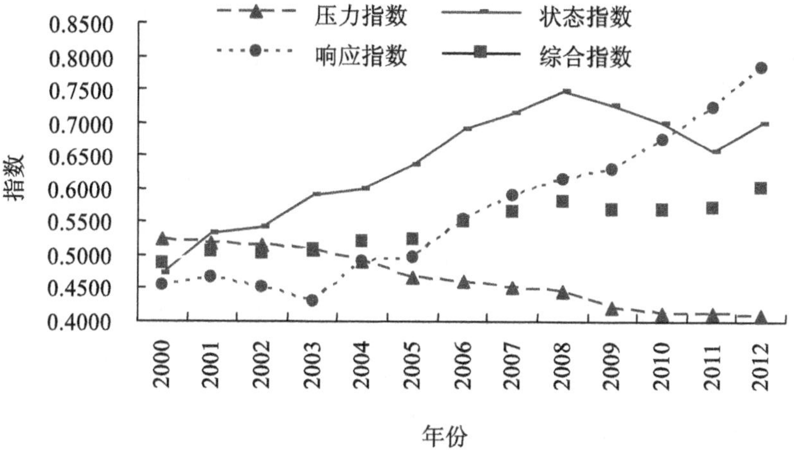

图 2-2　江苏省农村生态安全评价结果

2000~2012 年压力指数总体上呈现下降趋势，从 2000 年的 0.5224 下降到 2012 年的 0.4102，表明农村生态系统压力现状有所恶化(负向指标，数值越小，生态压力相对越大)(郑华伟等，2012)，人类对农村生态系统的干扰有所强化。状态指数呈波动上升趋势，2012 年状态指数是 2000 年的 1.47 倍，年均增长率为 3.98%。响应指数呈波动上升趋势，2012 年响应指数是 2000 年的 1.73 倍，年均增长率达到 6.06%，增长幅度相对较大。

2) 障碍因素分析

根据农村生态安全障碍因素诊断计算方法，对 2000 年和 2012 年江苏省农村生态安全障碍度进行计算。2000 年，阻碍农村生态系统安全状况改善的障碍因素主要集中在系统响应和系统状态方面，主要包括农民人均纯收入、教育投资强度、人均水资源量、灾害指数等；而 2012 年，阻碍农村生态系统安全状况改善的障碍因素主要集中在系统压力和系统状态方面，包括单位耕地面积农药负荷、人均耕地面积、人口密度、单位耕地农膜负荷等。从单项指标变化趋势上看，2000~2012 年单位耕地面积化肥负荷、单位耕地面积农膜负荷、人均耕地面积等指标障碍度上升幅度较大。在计算单项指标障碍度的基础上，进一步计算农村生态安全的分类指标障碍度。从整体来看，系统压力的障碍度呈上升趋势，而系统状态、系统响应的障碍度呈下降态势。

三、江苏农村生态安全发展困境

农村生态系统是以第一物质产品生产、提供生态服务功能为基本特征的生态系统，农村生态系统是人类社会存在和发展的基础(尹飞等，2006)。农村生态系统不仅为广大农民提供了居住和生产的空间，为农村发展提供了良好的生态基础和物质性基础，而且在保持生物多样性、维护人类与自然环境关系方面都发挥了至关重要的作用。由于农村生态系统是一个典型的复合生态系统，自然、经济和社会等因素相互作用形成了一个有机的整体，系统中的人、生物、非生物之间存在着一定的平衡，一旦其中的任何一种平衡遭到破坏，则会引发农村生态安全问题。

1. 农村环境污染问题

农村生态环境污染主要包括水污染、气体污染和固体废弃物污染。固体废弃物污染的突出表现为农业生产污染、农村生活垃圾污染等方面，具体包括农业生产源污染物随意排放、排放总量在持续增加、畜禽养殖污染物排放、城市污染源向农村区域转移等。农村生态环境污染可以分为农业面源污染、农村工业污染和农村生活污染等。

近年来江苏省农业面源污染对农村生态文明建设的压力日益增大，污染严重的地区主要分布在人口众多、农业集约化程度较高的市县。农业面源污染主要来源于化肥的施用、农药的不合理施用、畜禽养殖污染等。2012 年江苏省单位面积耕地化肥施用量达 322kg/hm^2，超过国际上为防止水体污染而设置 225kg/hm^2 的化肥使用安全上限；在肥料配比上，化肥配比结构呈现氮肥用量偏高，钾肥用量偏低，无机化肥过多，有机肥太少的特点；不合理的肥料配比容易造成土壤酸化，地力下降等问题，化肥营养元素的富集和流失构成了农业面源污染的最重要部分。2012 年全省农药使用总量为 8.37 万吨，农药利用效率不高，品种搭配不太合理，这在很大程度上加剧了农药施用对农村生态文明建设的威胁。近年来江苏畜禽养殖业发展平稳，养殖规模的扩大导致畜禽粪尿排泄量日益增多，未经处理的畜禽粪便被随意堆放，造成大量养分流失，带来严重的环境污染隐患。问卷调查结果表明，大部分农户认为亟需推广农业清洁生产，进行农业结构优化。

农村工业的迅速发展，使得江苏农村工业污染问题也越来越突出，加重了农村生态文明建设的压力。从 2007 年至 2012 年，江苏省工业乡镇企业数在不断的增加，至 2012 年达到了 390 641 个，相当一部分乡镇企业由于技术及经济条件的限制，能耗大、效益低，污染严重，加之，部分乡镇企业领导和职工的环境意识淡薄，整体环境管理水平落后，工业布局不合理，防污设施不到位，使流经乡镇企业区域的河流水质变差，污染较为严重。

农村生活污染主要包括两方面，一是农村生活垃圾，二是农村生活污水。江苏省农村每年产生生活垃圾约 1200 万吨，大多未经处置而随意倾倒、随地丢放，在一些农村呈现出“围村、塞河、堵门”之势。农村每年产生生活污水 10 多亿吨，大多直排河湖。一些地方农村环境脏、乱、差，“污水乱倒、垃圾乱放、粪土乱堆、柴草乱垛、畜禽乱跑”成为形象写照。

2. 村庄环境整治问题

在村庄环境整治中，部分地区不够重视，一些地区对整治标准掌握不准，对整治目标定位不准；一些地方把村庄环境整治与建筑物刷白简单划上等号，一些地方硬性指标尚不达标，村庄绿化、农村改厕等工作还不到位。村民长效管理参与不够，有的村因村民希望拆迁等原因对村级长效管理工作认可度和参与度不高，甚至“不领情”；各县市（区）特别是村级对村庄长效管理的宣传和引导力度还不够，在调动村民参与的积极性上还需要做大量的工作。问卷调查结果表明，农宅外墙整修、公共绿化、河道疏浚、庭院环境整治等指标满意度分值低于满意度平均水平，说明这些指标与农民的期望还有一定的差距。

3. 生物多样性问题

农村生态系统中生物多样性非常丰富，拥有森林、灌丛、湿地等陆地生态系统，高等植物、脊椎动物、真菌数不胜数。由于人类的开垦、破坏生态用地等活动，加上近年来气候变化以及自然灾害等，导致生物多样性锐减，很多生物已经灭绝。

4. 耕地破坏问题

作为农村生态系统的主要构成部分，耕地资源近年来遭受着较为严重的破坏，随着人类高强度的利用耕地，引起了土地侵蚀、土地沙化、土地退化以及土壤污染等问题，对人类赖以生存的环境造成了巨大的影响。随着人口的急剧增加、资源紧张、环境不断恶化等问题的出现，人们逐渐关注耕地生态安全，具体包括耕地自身的安全和粮食的供给安全两方面的内容。耕地自身的结构功能由于受到环境污染、土地退化而发生改变。同时，随着人口的日益急剧增加，为了满足人类生存和发展的需求，粮食安全问题也日益突出。

5. 生态服务功能问题

生态服务功能的实质是保证人类及其社会经济系统直接或者间接地从生态系统和生态过程中得到利益的服务功能。农村生态系统具有调节气候、涵养水源、净化空气等多样化的服务功能，同时可为城市生态系统提供水资源和粮食，这些生态服务功能在现实生活中发挥的作用是显而易见的(汤姿，2009)。但是，大量的森林砍伐、开垦湿地等行为严重破坏了农村生态系统的生态服务功能，导致农村生态缓冲能力、抵御自然灾害的能力、自我更新的能力都在减弱，甚至局部丧失。

四、江苏农村生态安全路径探讨

农村生态安全建设是社会主义新农村建设中及其重要的内容之一，采取科学可行的措施，改善农村生态系统结构恶化的状况和功能，实现农村生态系统的结构和功能优化，促进农村生态系统的生产力持续发展，保证农村生态安全是目前农村生态安全研究的热点问题。

农村生态系统的重要生态资源保护包括两个方面，首先是生态资源数量的保护，其次是生态资源质量的保护。一方面，维持农村生态系统结构平衡和功能发挥对各种重要生态资源的数量及规模的需要；另一方面，保证农村生态系统正常结构功能的完整，以实现农村生态系统的演化和发展。

现阶段农村生态环境污染的治理任务复杂，减轻土壤化肥污染、控制农业病虫草害、农村废弃物处理是农村生态环境污染治理必须要面对的问题。通过控制化肥施用量、推广生物防治技术、农村废弃物资源化处理等方式来控制农村生态环境污染，保证农村生态安全。

生态文化强调以人为本，协调人与自然和谐相处的文化形态。农村生态文化建设是解决农村生态系统演化中各类问题的长远途径，其主要内容包括继承和发扬传统文化、树立正确的发展观、建立可持续的农村生活方式、开展生态教育和宣传、完善农村生态安全保障机制等。

第三章　江苏农村生态环境保护与修复

一、江苏农村生态环境现状

江苏是著名的“鱼米之乡”，农业生产条件得天独厚，农作物、林木、畜禽种类繁多，农业农村经济保持良好态势，成为全省经济社会发展的一大突出亮点 。2012 年，全省上下深入贯彻落实党的十八大关于生态文明建设与经济建设、政治建设、文化建设、社会建设“五位一体”精神，切实加大污染减排力度，加快推进碧水蓝天工程，持续加强环境执法监管，集中整治群众反映强烈的突出的环境问题，不断深化环保领域改革创新，但是农村的环境保护工作相对滞后，在农村污染综合防治和科学管理等方面存在许多薄弱环节和亟待解决的问题。

1. 农业面源污染现状

农业面源污染狭义的定义是指在农业生产生活过程中，氮素和磷素等营养物质、农药以及其他有机或无机污染物质，通过农田地表径流、农田排水和地下渗漏形成的水环境的污染(张宏艳，2004)。广义的定义是指人们在农业生产和生活过程中产生的、未经合理处置的污染物对水体、土壤和空气及农产品造成的污染。与狭义的概念相比，广义上的农业面源污染包括的对象更多，涵盖土壤、水体、环境等整个农村生态系统(张杰丽等，2006)。

1) 化肥

江苏省化肥投入引发的农业面源污染，主要表现在化肥施用量过高、肥料配比不合理和流失严重等问题。在过去的 10 年中，江苏省化肥的施用量从

2003 年的 334.7 万吨到 2012 年的 331 万吨，化肥的施用总量变化不大，且 2012 年江苏省化肥使用总量比上年下降 1.8%，但是 2012 年江苏省单位面积耕地化肥施用量达 322kg/hm^2，远远超过国际上为防止水体污染而设置 225 千克/公顷的化肥使用安全上限。江苏省化肥的投入情况中苏南、苏中和苏北各区域具有明显差异，2012 年江苏化肥施用总量达 330.94 万吨，苏北的施用量最大，为 234.92 万吨，占总量的 71%，是苏南化肥施用量的 7 倍多。苏中居中，为 61.17 万吨，占总量的 18%。(图 3-1，图 3-2)

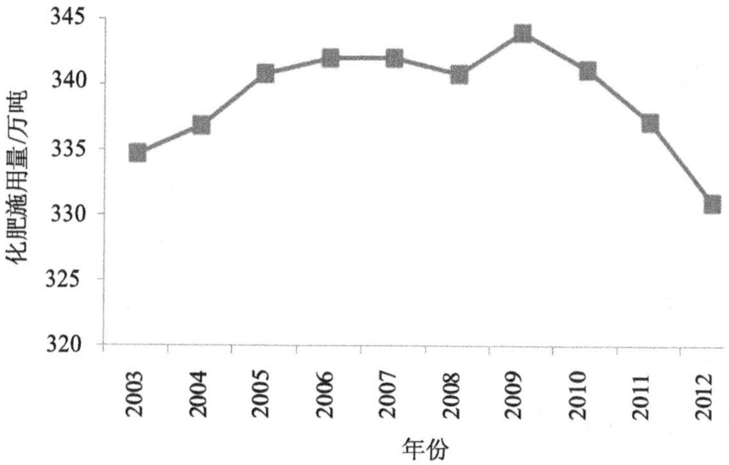

图 3-1　2003~2012 年江苏省农用化肥施用量

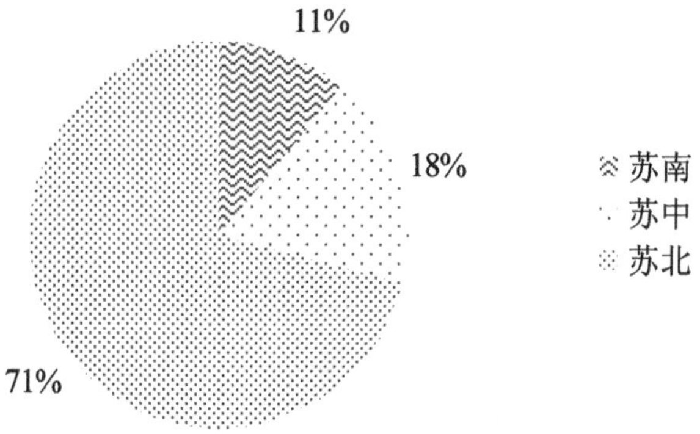

图 3-2　2012 年江苏各区域农村农用化肥施用量所占百分比

在肥料配比上，化肥配比结构呈现氮肥用量偏高，钾肥用量偏低，无机化肥过多，有机肥太少的特点。不合理的肥料配比容易造成土壤酸化，地力下降等问题，化肥营养元素的富集和流失构成了农业面源污染的最重要的部分。江苏省水稻的氮肥利用率仅为 20%左右，剩余的部分除以氨和氮氧化物的形态进入大气外，其余大都随降水和灌溉进入水体，导致地下水中氮磷物质含量增高、江河湖泊富营养化，成为重要农业面源污染物，致使相当一部分地区生产的蔬菜、水果中的硝酸盐等有害物质残留量超标，直接威胁人们身体健康。在有机肥投入上，年产 2.22 亿吨，能提供氮(N)、磷(P)、钾(K)269 万吨，约占全年化肥用量的 79%，同时还能提供大量的有机物质(图 3-3)。江苏省有机肥源主要包括粪尿类、堆沤肥类、秸秆类、绿肥类、商品有机肥等。有机养分投入比重持续下降，依赖无机养分投入的直接结果是土壤肥力下降、质量衰退，进而影响单位耕地粮食综合生产能力(张士功，2005)。

此外，受施肥方式、施肥结构和氮磷钾养分比例等因素的影响，化肥利用率很低，氮、磷、钾分别为 30%~35%，10%~20%和 35%~50%(彭奎等，2001)。因此，增加化肥投入强度和密度，其结果只会导致化肥流失量增加，使得农业面源污染日趋严重。

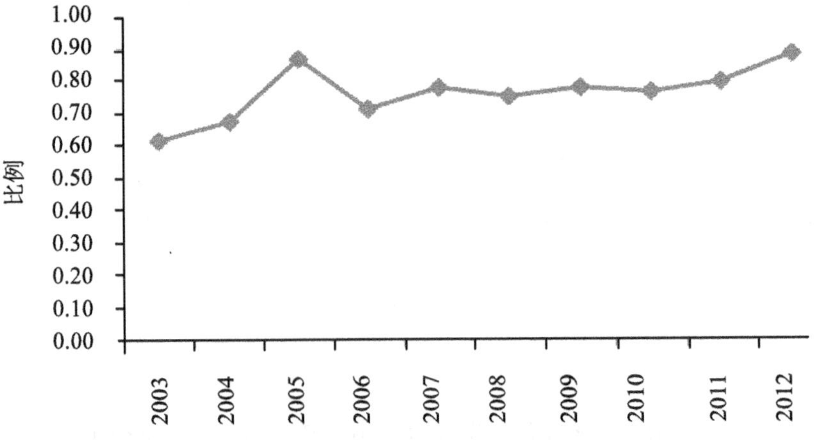

图 3-3 2003~2012 年江苏省氮磷钾肥占总施肥量的比例

2) 农药

随着对农村生态环境建设的重视，江苏省各地积极推广病虫害综合防治技术，指导农民改进施肥技术，增施有机肥、生物肥，减少环境污染。2012年江苏省农药使用量持续减少，统计数据表明，2012年全省农药使用总量为8.37万吨，比上年下降3.2%，已连续七年下降(图3-4)。化肥、农药使用量的持续下降，进一步提高了江苏省农产品质量，改善了农村生态环境，推进了全省食品安全工作。

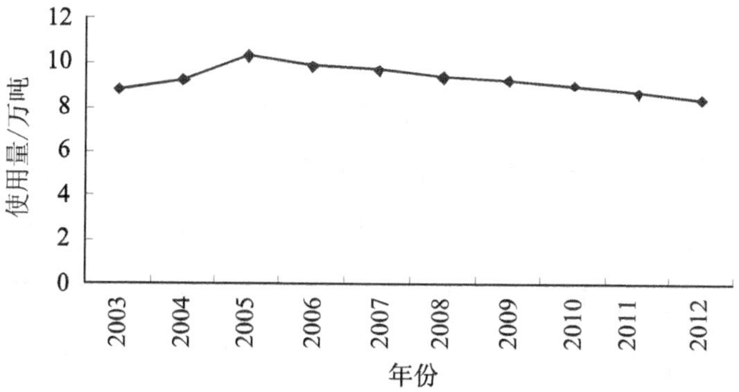

图3-4　江苏省2003~2012年农药使用量

农药施用引发的农业面源污染，主要表现在农药利用效率不高，品种搭配不合理，大量施用农药，尤其是高毒农药，其残留通过各种渠道汇流到水体中，引起水质污染。目前，农药利用率很低，一般来讲，只有10%~20%的农药附着在农作物上，其余则流失在土壤、水体和空气中，在灌水与降水等雨淋作用下污染地下水。虽然江苏省农药的施用总量在逐年下降，但是农药污染依然不容忽视。江苏各区域农药施用量同样存在空间差异性，如2012年江苏农药总产量为8.37万吨，其中苏北农药使用量最大，为4.73万吨，占总量的57%；苏中次之，为2.12万吨，占总量的25%；苏南最少，为1.52万吨，占18%。(图3-5)

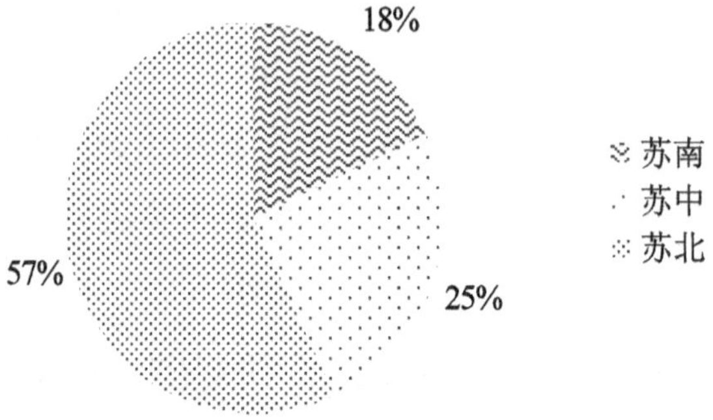

图 3-5 2012 年江苏各区域农村农药使用量所占百分比

3) 农用薄膜

农用薄膜引发的农业面源污染，主要表现为农用塑料薄膜的使用量在不断增加，近年来，江苏省农用塑料薄膜的使用量在不断增加，且增长的速度在加快。根据统计数据，2012 年江苏省农用塑料薄膜使用量是 2003 年的 1.6 倍，达到 11.26 万吨(图 3-6)。农用塑料薄膜属高分子有机化学聚合物，在土壤中非但不易降解，而且降解之后产生有害物质，逐年积累，污染土壤生态环境，同时大量的农膜在土壤中积累，恶化土壤理化性状，导致作物减产(燕惠民, 2004)。薄膜中还含有增塑剂、阻燃剂等有害物质，在土壤中不断积累，造成污染，破坏土壤生态环境。

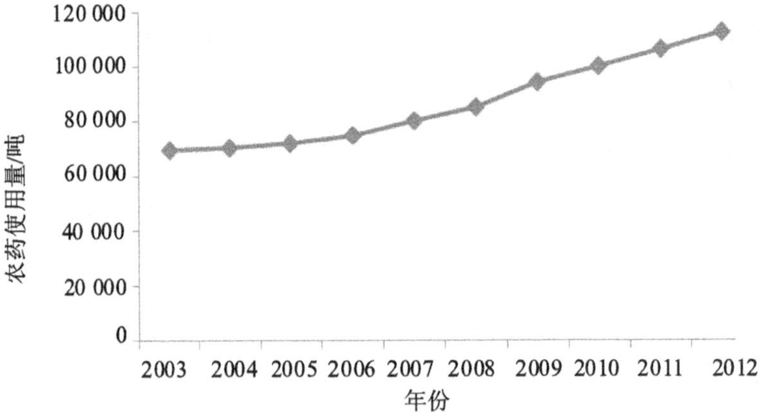

图 3-6 2003~2012 年江苏省农用塑料薄膜使用量

4）畜禽废弃物

由于畜禽粪便产生量大、利用率低，种植业与养殖业的日益脱节，加上畜禽养殖业环境管理不到位，大多数是未经处理而直接排入环境，污染了地表水和地下水，还造成江河、湖泊、水库富营养化。畜禽养殖业污染主要是由于未对畜禽养殖固体废弃物和废水进行及时、合理的处理引起的。养殖规模的扩大导致畜禽粪尿排泄量日益增多，未经处理的畜禽粪便被随意堆放，造成大量养分流失，带来严重的环境污染隐患。近年来江苏畜禽养殖业发展平稳，直接带来畜禽粪便的产生。从畜禽粪便的土地负荷来看，江苏总体的土地负荷警戒值达到一定的环境胁迫水平，部分地区呈现出严重或接近严重的环境压力水平。虽然畜禽粪便主要污染物 COD、BOD、TP、TN 的流失量逐年增加，但是 2012 年江苏省完成规模畜禽养殖粪污综合治理及循环利用项目 567 个、规模畜禽养殖场沼气工程项目 264 个，在畜禽养殖业污染治理方面力度较大，且有一定的成效。

2. 农村工业污染

江苏是乡镇企业的“摇篮”，经过三十多年的发展，江苏乡镇企业的规模日益壮大。2012 年年底，江苏乡镇企业总数约 739 631 个，从业人员 1722 余万，实现总产值 113 548.99 亿元，涉及冶金、机械、化工、纺织、电子等众多领域。其中，相当一部分乡镇企业由于技术及经济条件的限制，能耗大、效益低、污染严重，加之部分乡镇企业领导和职工的环境意识淡薄，整体环境管理水平落后，工业布局不合理，防污设施不到位，使流经乡镇企业区域的河流水质变差、污染严重，直至影响周围人民饮用水安全。随着工业经济发展水平的提高，江苏省三大区域主要污染物(废水、废气和固体废弃物)产量总体上都呈现增大的趋势。

农村工业废气中排放的主要污染物为氟化物、硫化氢、二氧化硫和氯化氢，主要污染行业为建材、化工、纺织及非金属矿物制品业。

大部分农村工业企业废水的处理率和达标率很低。以苏南为例，随着农村工业的发展，废水排放量和废水中污染物的排放量也呈增加趋势。苏南地区乡镇工业发达，其农村工业废水排放量在江苏三大经济区域中最高，农村工业废水污染对农村地表水、地下水及饮用水都造成了危害。如太湖地区，作为农业灌溉的主要供给地区，近年来水体富营养化严重，多次暴发蓝藻，总体水质在变差。

炉渣及工业垃圾为农村工业产生的主要固体废物，其中有毒有害的废物主要是化工团体废物和冶炼固体废物。

农村工业的迅速发展，使得江苏农村工业污染越来越严重，加重了农村生态环境的压力。从 2007~2012 年，江苏省工业乡镇企业的个数在不断地增加，至 2012 年达到了 390 641 个，农村工业总产值达 113 548.99 亿元(表 3-1)。江苏三大区域社会经济发展差异较大，同样农村工业发展也具有差异性。2012 年苏南的乡镇企业数最多，达到 360 334 个，苏北次之，有 216 075 个，苏中最少，163 222 个，而在现价总产值上，苏南是苏北的 3 倍，是苏中的 2 倍。虽然苏北的乡镇企业比苏中的要多，但是苏中的总产值比苏南的多(表 3-2)。这说明苏北的乡镇企业产业结构有待调整，它承接着苏南、苏中地区产业的转移，这类工业效益产值低且对环境污染严重。江苏省三大区域经济发展水平差异较大，同时农村工业污染区域差异也较大。

表 3-1　2007~2012 年江苏省工业乡镇企业个数

年份	2007 年	2008 年	2009 年	2010 年	2011 年	2012 年
工业乡镇企业个数/个	271 332	306 578	325 971	345 321	363 086	390 641

表 3-2　2012 年江苏三大区域乡镇企业基本情况

区域	苏南	苏中	苏北
乡镇企业数/个	360 334	163 222	216 075
现价总产值/亿元	62 291	31 203	20 054

3. 农村生活污染

江苏省农村每年产生生活垃圾约 1200 万吨，绝大部分未经处置而随意倾倒、随地丢放，在一些农村呈现出“围村、塞河、堵门”之势。农村每年产生生活污水 10 多亿吨，大多直排河湖。一些地方农村环境脏、乱、差，“污水乱倒、垃圾乱放、粪土乱堆、柴草乱垛、畜禽乱跑、秸秆乱烧”成为形象写照。

1) 农村生活污水

农村生活污水主要包括厨房炊事用水、沐浴、洗涤用水和冲洗厕所用水。这些用水分散，随着雨水的冲刷，进入地表径流、湖沼、沟渠、池塘、水库等地表水体、土壤水和地下水体，其中有机物含量大是其主要特点。

全省废水排放总量约 58.84 亿吨，生活污水排放量 35.29 亿吨，占 59.98%。农村生活污水处理是农村环境整治的重要内容，也是改善村庄环境面貌、提高农民生活质量、推进社会主义新农村建设的紧迫任务。2007 年，江苏省在全国率先启动村庄生活污水治理工作，并组织实施农村生活污水相对集中处理试点项目建设。从 2008 年起，江苏结合太湖水污染防治工作，以太湖流域为重点，兼顾苏中苏北地区，积极推进农村生活污水治理，逐步扩大试点示范范围，取得了良好成效。到 2010 年底，全省累计建成并投入运行建制镇污水处理厂 204 座，污水日处理能力达 194.8 万立方米，完成近 2700 个规划布点村庄生活污水处理设施建设，太湖流域实现建制镇污水处理设施全覆盖，规划布点村庄生活污水处理设施覆盖率超过 30%，多项指标处于全国领先水平。

目前，江苏城镇化率约为 61.9%，有近 40%的人口生活在农村。2012 年，江苏生活污水排放量约为 36.18 亿吨，约占全省生活污水排放总量的 30%。农村居民居住分散，加上农村污水处理厂建设投入不足，难以对污水进行统一处理；而且，不少农民环保意识不高，对环境危害的源头和危害程度认识不清，较看中有形的经济利益，忽视潜在的环境危害，在生活水平提高的同时，依然按传统方式生活，生活污水任意排放。但是，最近几年江苏省农村污水处理的情况也在不断改善，农村生活污水净化沼气池的个数逐年增加，2011 年已经达到 32 659 个，对生活污水进行处理的行政村比例也在逐年增加，2012 年约为 25%左右，农村的基础设施在不断地完善中。

2) 农村生活垃圾

生活垃圾的成分主要是厨余垃圾、废塑料、废纸、碎纸片、碎陶瓷、碎玻璃、废纤维、废电池及其他废弃的生活用品等，组成十分复杂。农村和乡镇的生活垃圾在组成和性质上基本与城市生活垃圾相似，只是在组成的比例上有一定区别，有机物含量多、水分大，同时掺杂化肥、农药等与农业生产有关的废弃物。特点鲜明，有害性大，且成分复杂，除含有碳、磷、氮、钾等植物所需的营养元素外，还含有一些有害元素。江苏省各地全面推广“组保洁、村收集、镇运转、县处理”的城乡统筹生活垃圾处理模式，逐步完善镇村环卫基础设施，逐步健全农村环卫管理制度，逐步建立农村环卫管理体系，有生活垃圾收集点的行政村比例逐年增大，到 2012 年已基本覆盖。苏南、苏中、苏北三个地区的农村生活垃圾治理差异大，苏南地区已基本建成覆盖城乡的垃圾收运体系；苏中地区基本实现乡镇压缩式垃圾中转站全覆盖；苏北地区乡镇垃圾中转站建设正逐步启动。江苏农村环境面貌明显改善。

二、江苏省农村生态环境的风险评价

1. 农村生态风险概况

改革开放 30 年以来，农村社会经济全面发展，同时由于经济增长模式粗放、经济利益驱动以及对生态环境价值的忽视等原因，造成了一系列农村生态环境问题，并对农村生产和生活造成了严重的负面影响。目前我国存在着严重的城乡环境二元结构，即不断改善的城市环境质量与逐步恶化的农村生态环境，江苏作为经济社会发展较快的省份，农村生态环境问题也日益突出。由于农村发展模式粗放、产业结构及其空间布局不合理导致自身污染加剧，城市工业放任的梯度转移引起城市污染向农村转移。而且江苏各区域经济发展差异大，苏南污染严重的企业不断向苏北和苏中转移。在低碳经济发展模式下，城市中原来的高污染、高能耗的企业必然会受到搬迁、停产等影响，原来受到污染的厂区土地棕(褐)地对于周围环境及附近居民来说都具有重大影响。不仅造成了土地资源的闲置、浪费，而且棕(褐)地中常常包含许多危害物质，对人体健康和生态环境造成现实或潜在危害，尤其是那些冶金、化工、农药等企业搬迁或停产后遗留下来的典型棕(褐)地(孙华等，2011)。农村生态环境的问题中，主要有农业环境污染、农村工业污染、农村生活污染等，如土壤重金属污染、有机污染、水体富营养化等，这些污染通常比较难以治理，而且恢复的周期比较长，因此对农村生态环境进行风险评价具有十分重要的作用。

2. 江苏农村生态环境风险评价

风险（risk）存在于一切领域，目前，对于风险的定义还没有一个统一的标准。风险评价（risk assessment）可以看作为对自然灾害或人类活动产生的不利影响或危害可能性的评估，是对不期望事件或不良结果发生概率的定量描述和分析，一般认为，风险评价就是收集、组织并分析数据以确定危险站点条件对一定时间内健康、环境、生态、安全和财政等产生的损害可能性及程度。环境风险评价（environment risk assessment）是风险评价的一种，它是利用现有的资料和知识，依赖环境化学、生态毒理学以及环境毒理学等基础学科的最新研究成果，运用统计学和数学方法来认识和鉴别环境风险的产生条件、危险类型以及对附近居民和周围环境造成的危害，并计算危害出现可能性的过程（周立波，2007）。广义上讲，环境风险评价是指评估人体健康、生态系统以及社会经济等由于自然灾害或者人类的各种活动所引发和面临的危害而造成的可能损失，并以此为基础进行管理和决策的过程；狭义上讲，环境风险评价主要是指对人体健康以及生态系统受到有毒有害物质的危害影响程度进行的概率估算，并据此提出减小环境风险的对策和措施（付铁，2006；杜喜臣，2008；张杰，2010）。本书考虑的农村生态环境风险主要包括其对附近农民产生的人体健康风险和对周围环境造成的生态环境风险两大类，因此，农村生态环境风险评价主要是指人体健康风险评价和生态环境风险评价。

1) 健康风险评价是把环境污染与人体健康联系起来的一种评价方法

它通过估算有害因子对人体产生不良影响的概率，评价暴露于该因子下人体健康所受的影响；主要用于评估区域内污染场地对人体健康产生的影响或造成的损害，预测污染的影响范围和危害程度，为风险控制与管理提供科学依据和技术支持，是环境风险评价的重要组成部分(陈锋，2010)。目前，常用的健康风险评价方法有 NAS 四步法、MES 方法、生命周期分析法、评价病毒感染的 Beta-Possion 模型以及放射性物质健康风险评价模型等。

2) 生态风险评价至今还没有一种公认的可被广泛接受的模型或方法

根据导致产生生态风险的风险源的性质，可以将生态风险评价分为化学污染类风险源生态风险评价，如对重金属污染产生的生态风险进行的评价等；生态事件类风险源生态风险评价，如对生态入侵产生的生态风险进行的评价等；复合风险源类生态风险评价，如对人类活动风险源产生的生态风险进行的评价等(刘晶等，2007；张思锋等，2010)。化学污染类风险源生态风险评价方法有商值法(包括改进后的地质累计指数法和潜在生态危害指数法)、暴露-反应法、污染指数法以及回归过量分析法等。

3. 农村生态环境风险调控

1) 搭建江苏农村生态环境风险调控外部环境

完善江苏农村生态环境风险管理的法律法规文件。首先，在法律上明确污染者的责任与义务，对造成污染的企业或者个人，必须根据其造成的污染程度而采取适宜的修复治理措施，否则依法追究其法律责任；其次，在法律上明确生态环境修复治理的标准，相关企业或者个人对生态环境的修复治理必须要满足这个标准；最后，在法律上还应明确农村生态环境修复治理的奖惩力度。

健全江苏农村生态环境风险管理的组织机构。农村生态环境风险调控是一项周期性较长的工作，责任重、投资高、涉及的相关利益方多，因此，在环境风险调控实施方案制定之前，必须首先健全以江苏省人民政府为主导的，其他相关利益方积极参与生态环境风险管理的组织机构，确保农村生态环境风险调控方案有条不紊地顺利实施。

培养公众参与意识。对农村生态环境进行修复治理，控制其产生的环境风险，是关系到公众切身利益的好事，因此，政府应加大宣传力度，向公众指出农村生态环境存在环境风险的严重危害性，提高公众对农村生态环境风险调控必要性的认识。

2) 制定江苏农村农村生态环境风险调控实施方案

理清棕(褐)地环境风险状况。建立全面的农村生态环境调查清单，弄清造成农村地区产生环境风险的风险源、风险类型以及风险总量，在此基础上才能制定出有效的农村生态环境风险调控实施方案。

确定江苏农村生态环境风险调控方案。在分析农村生态环境风险状况的基础上，结合生态风险环境风险控制技术，制定江苏农村生态环境风险调控方案。首先，针对农村地区存在的污染类型制定相应的专项修复方案；其次，对生态环境风险状况较严重的区域，应该加大修复方案的修复治理力度；最后，对于污染较严重的区域，应该考虑使用工程控制技术与修复技术相结合的修复方案，先用工程控制技术把污染物质产生的环境风险控制住，再采用修复技术逐步消除环境风险。

三、江苏农业面源污染治理

1. 环保优先，推进农业清洁生产

清洁生产，科学开展农业面源污染防治。解决农业面源污染问题，根本出路在于加快调整农业产业结构，按照农业技术生态化、农业生产清洁化的要求，大力发展高效、生态和安全农业。要积极实施农业标准化，推广测土配方施肥等技术，引导农民科学使用化肥、农药、饲料、兽(渔)药等农业投入品，推动无公害农产品、绿色食品和有机食品的规模化生产。

由于农业污染以面源污染为主，很难采用工业中的末端治理方式进行治理。因此，农业必须实行清洁生产，从源头抓起，预防为主，农业生产全过程控制，同时实现农业废物或排放物的内部再循环，节约资源和能源，以达到污染最小化，实现农业经济与环境双赢。它是一种综合性的环境污染预防战略，不仅要解决无公害农产品和绿色食品生产中所强调的从“田头到餐桌”的农产品质量安全问题，更重要的是解决农产品生产过程中对环境的污染及资源的浪费问题，降低整个农业生产活动给人类和环境带来的风险。农业清洁生产是在开源节流，减污增效的生产过程中，实现生态农业所强调的整体、协调和平衡。

江苏省提出了农业清洁生产的概念，并立项开展了农业清洁生产技术体系的研发、管理体系与标准化的研究。农业清洁生产是指既可满足农业生产需要，又可合理利用资源并保护环境的实用农业生产技术，其实质是在农业生产全过程中，通过生产和使用对环境友好的“绿色”农用化肥品(化肥、农

药、地膜等)，改善农业生产技术，减少农业污染的产生，减少农业生产及其产品和服务过程对环境和人类的风险。它并不完全排除农用化学品，而是在使用时考虑这些农用化学品的生态安全性，实现社会、经济、生态效益的持续统一。

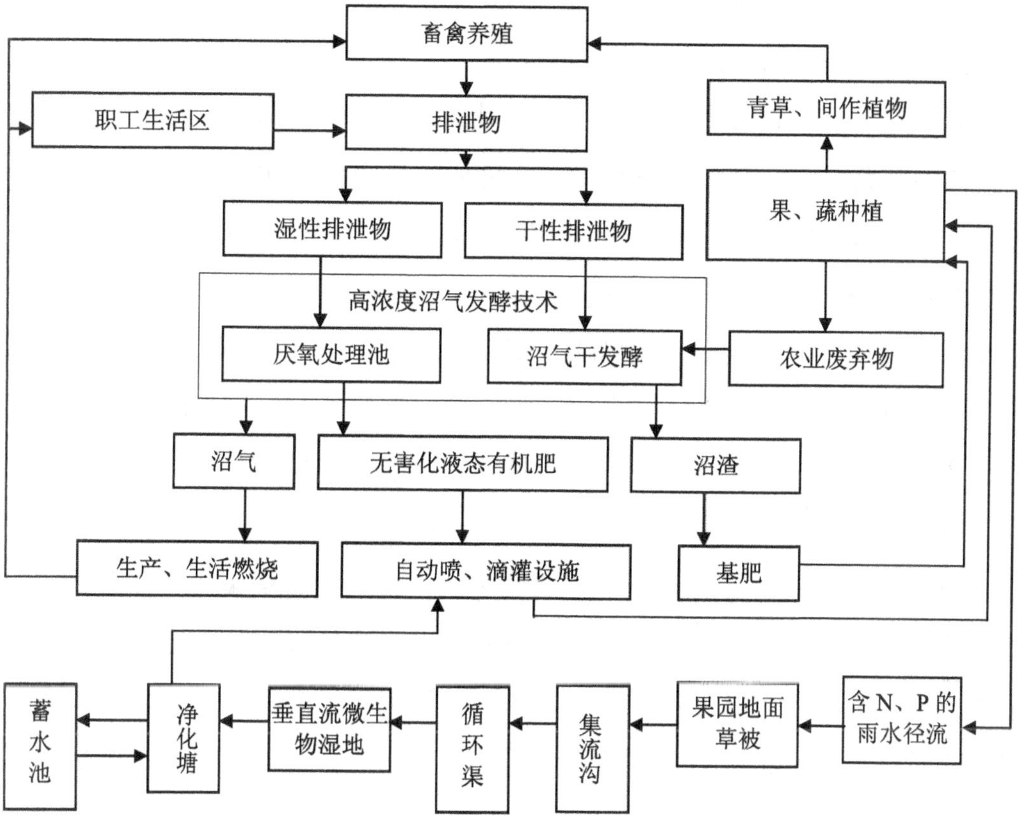

图 3-7　江苏省吴江市东之田木农业清洁生产模式

近年来，江苏省农业委员会农业环境监测与保护站在重点流域面源污染防治的过程中探索出的几种农业清洁生产模式，如：以沼气技术为纽带的农业清洁生产模式、以腐生食物链为纽带的生态农业模式、立体复合种养农业清洁生产模式、林禽渔复合农业清洁生产模式、生态健康养殖农业清洁生产模式、发酵床养殖畜禽清洁生产模式、农牧循环清洁生产模式、池塘养殖尾水生态净化循环利用清洁生产模式、农业废弃物循环利用农业清洁生产模式、农林牧复合农业清洁生产模式等。

案例 1：江苏省吴江市东之田木农业生态园拥有生产基地 120 亩，种植秋月梨和翠冠梨，同时利用梨园土地种植蔬菜，并为养殖业提供饲料和放养草鸡。生态园采用果园休眠期间种蔬菜，蔬菜下脚料喂养猪禽，畜禽粪便发酵产沼气，沼渣再返田作有机肥。

案例 2：江苏省扬州市华兴乳业有限公司是一家集奶牛养殖、乳品加工于一体的私营企业。公司与扬州大学环境研究所合作，实施牛粪养殖蚯蚓示范项目。目前，蚯蚓养殖面积达 10 亩，日处理牛粪 5 吨。同时，牛粪及时送往蚯蚓养殖场，用蚯蚓覆盖畜粪，无异味、无蝇蛆，空气质量明显改善。牛尿及时由蚓粪吸附或除臭，无异味，不乱流，不污染周边环境。蚓粪制成的有机无机复合肥可提高土壤质量，增加土壤团粒结构，提高保肥和平衡供应营养能力，提高农产品品质。不仅有效地解决了养殖场的粪污处理问题，减少了对环境的污染，保护了农业生态环境，而且实现了资源的再生利用。

今年 5 月，江苏率先示范农业清洁生产。在农业清洁生产方面取得了三点经验：技术模式创新，建立了畜禽粪便集中收集处理加工体系，生产有机肥和废水处理还田，解决种养脱节导致的污染问题；政策机制创新，争取政府公共财政支持农业治污，在试点区示范建立生态补偿机制，重点解决“谁补偿、补偿谁、怎么补、补多少、钱哪来”等一系列问题；研发能力创新，研发利用畜禽粪便、秸秆、污泥生产高附加值产品技术，并已获得十多项国家发明专利授权，为下一步农业面源污染治理奠定了基础。

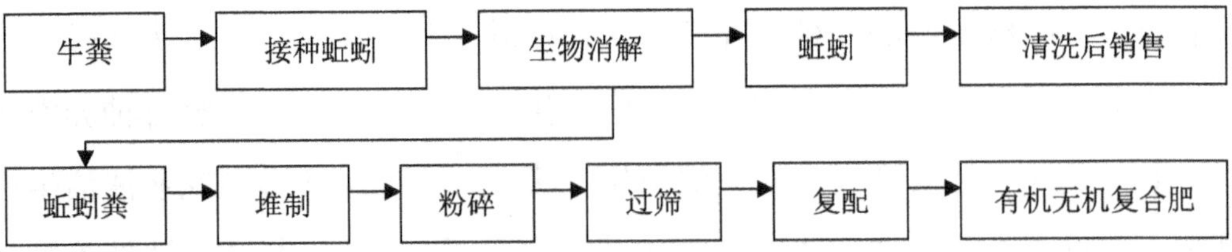

图 3-8　牛粪养殖蚯蚓示范项目

2. 制定并实施农业生态环境补偿政策

城市与工业的发展在很大程度上都是以牺牲农业与农村为代价的，是没有计入生态环境成本的结果。在城市与农村、经济与环境、工业与农业之间要介入一定的政府行为，建立补偿机制，补偿过去几十年对农业与农村生态环境的巨额欠账，促进城乡的共同发展，彻底改变疏于和忽视农村环境保护的倾向(张印等，2012)。江苏省为彻底治理太湖水污染，2008 年 1 月颁布了《江苏省环境资源区域补偿办法》(试行)，主要针对跨行政区域河流交界断面水质保护。为加强治理农业生态环境，应制定相应的农业生态环境补偿政策，控制农业环境污染，以对应的农业生态环境污染控制的补偿标准为关键。

1) 测算农田氮磷素面源污染的补偿标准

农田面源污染来源于负外部性极强的农业生产活动，农业生产者从事具有正外部性的生产建设或减少负外部性的生产活动，都可控制农田氮磷素面源污染。然而，正外部性极强的生态建设及环境保护活动实际上往往由政府作为公共物品直接提供。面对占某个区域主体的农业人口来说，真正有意义的是如何通过补偿手段刺激农民减弱生产强度或改变生产方式，从而减弱负外部环境效应。联合国粮农组织认为环境服务支付是“补偿生产者因转变操作方式提供不同组合或更高水平的环境服务而损失的收益，在许多情况下，对生产者支付是为了减少其生产决策造成的环境损害”。为此，本书认为农田氮磷素面源污染控制生态补偿标准的测算可从减少农业负外部性行为出发，对减少一定程度的化学氮磷肥施用量的农民进行补偿，补偿因减少氮磷肥施用量而造成的农作物生产收益损失。而从国外农田生态补偿的政策来看，基本也是从减少农业负外部性行为、应用补贴手段推进农业环境目标的实现。基于此，本书主要从农民减少一定氮磷肥用量而获得补偿以及其减氮磷受偿意愿的角度测算补偿标准。

农民即使在原来的基础上减少相当量的氮磷肥，若最终的投入量仍未达到污染控制目标，那么这种减少氮磷肥用量的行为仍属无效。本书认为，农民只有在不施氮磷肥(即施氮磷量为 0)，或施氮磷量少于兼顾生态保护与经济效益的氮磷肥用量(即最佳生态经济施氮磷量)时才能获得补偿。农民为保护农田生态环境而应获得的补偿上限为不施用氮磷肥时的损失，下限为氮磷肥用量减少至最佳生态经济施氮磷量时的损失。由于不施氮磷肥造成的损失可根据施肥时的收益测算得出，因此，如何确定最佳生态经济施氮磷量是测算生态补偿标准的关键。

首先确定最佳生态经济施氮磷量，然后确定农田氮磷肥施用的外部成本，其次计算生态补偿额度，最后确定生态补偿标准。采用意愿调查法调查农民的氮磷肥减少意愿及能接受相应补偿，以此确定农田氮磷素面源污染控制的生态补偿标准。通过问卷设计及调研，对农田氮磷素面源污染比较典型的南京农户进行调查，根据农民的意愿情况确定生态补偿标准，并构建计量模型分析影响农民受偿意愿的因素。

2) 完善农业补贴制度，加强环境污染控制的生态补偿机制

对环境友好型农业技术和生产方式进行技术采纳补贴和生产方式变革是减轻农业面源污染的关键，可以通过补贴引导农户改变生产方式、采纳新技术。同时，随着时间的推移，化肥的价格刚性越来越明显，价格变化对化肥消费的影响越来越小，农业发展政策应该兼顾环境保护，依据农民施肥方式的不同给予不同程度的补贴，鼓励农民少施用氮磷肥、磷肥，多施用绿肥等，这样能减轻农村的面源污染，有利于环境治理。

四、江苏农村工业污染治理

1. 加强农村工业环境保护基本制度和基础体系建设

针对我国在法律法规制定中有关农村环境保护针对性不强的现状，加速对江苏省农村工业污染防治的环境法律法规建设，完善环境保护法律法规体系，逐步建立健全适应江苏省农村工业特点和环保工作实际需要的法律法规体系，推动农村工业污染防治工作走上制度化、规范化的轨道。在管理制度建设中，逐步推行建设前环境影响评价、"三同时"和排污收费等环境管理制度，将"三同时"制度应用于新农村建设、农村生活垃圾和污水收集处理系统建设等。

2. 加强领导，落实责任，加强对农村地区环境污染的监管

把农村工业环境污染防治作为社会主义新农村建设、生态建设和环境污染整治工作的重要组成部分，建立综合管理体系，进一步明确地方各级政府职责，建立齐抓共管、分工协作的工作机制。在乡镇设置环境管理机构，配备环保人员，加强农村环境管理和建设指导。严格执法，健全执法管理体制，不断提高执法水平。加大处罚力度，使违法成本高于违法收益。同时，环境防治要向行政责任与刑事责任相融合的行政刑法方向发展。在环保监督中，坚持在舆论监督的同时加大制度监督，使环境执法监督规范化、制度化，不流于形式，切实提高环境执法监督效能。

3. 积极探索农村工业污染防治的新模式、新途径

积极探索在新形势下的农村工业污染防治新途径和新模式。例如，通过完善财政转移支付制度，对生态环境脆弱区进行补偿，可考虑开征农村生态环境建设补偿税；将环境保护税收作为地方政府改善农村环境的专项基金。对有利于农村地区生态环境保护或治理、恢复生态环境的项目给予大力度的

税收优惠，鼓励发展生态环境整治、污染治理、资源综合利用、农业综合开发等项目；创新农村环境管理投入机制，加大财政资金转移支付力度，弥补农村环境管理体系建设和污染治理设施建设资金的不足，积极引导社会资金、企业资金参与农村环境保护基础设施建设，制定鼓励政策，引导多方参与。

4. 加强环保法制宣传，提高乡镇地区环保意识

加强乡镇干部、乡镇企业负责人以及群众的环保教育工作，使乡镇领导干部树立科学的发展观，正确处理经济发展与环境保护的关系，充分发挥政府的主导作用；使乡镇企业负责人正确处理企业利益与社会利益的关系，明确责任，自觉减少、控制污染。组织科普宣传和活动，广泛宣传环保知识，让群众提高环保意识，掌握基本的环境保护法律法规。

5. 控制农村地区工业污染

乡村工业企业要加快向工业园区集中，实行污染集中控制、集中处理、集中监管。对工艺落后、设备简陋、污染严重的企业，要限期治理或依法取缔关闭，同时，农村招商引资的门槛不能降低。

五、江苏农村生活污染治理

1. 农村生活垃圾处理生态补偿标准

进行生活垃圾分类处理，并给予一定的生态补偿金。例如，每户发放灰、黄、绿三色垃圾桶，灰色收集灰土，黄色收集厨余垃圾，绿色收集可回收垃圾。每天规定收集不同的垃圾，每周一、三、五收集灰土垃圾，每周二、四、六收集厨余垃圾，周日收集不可回收垃圾。每月 1 日至 5 日有奖收集白色垃圾，专职垃圾分类收集员按时入户收集。建议政府对农民垃圾分类的行为作出相应的生态补偿，政府可以设置奖励制度，鼓励农民进行垃圾分类的工作。例如每天收集垃圾时，垃圾收集员会给做好垃圾分类的居民发放小票，村民

在月底凭小票领取洗衣粉、米醋、酱油、手纸、咸盐等日用品。每年评选一次垃圾分类示范村居，前三名分别有三万、两万、一万的奖励。评选文明卫生户，并有相应奖励措施。

将厨余垃圾和人、畜粪便、农作物秸秆、树叶等分出来，堆制有机肥，垃圾总量能减少约 35%；将炉灰分出来，生产建筑用砖或填坑造地，剩余垃圾量又减少约 50%；将可燃烧的坚果皮壳、废旧木屑、树枝等分出来，作为农民的生物质燃料，垃圾总量又减少了约 5%；再将废塑料、废纸类、废金属等分出来，卖给废品回收部门，垃圾总量又减少 5%；剩下的垃圾运到政府指定的处理场点处理，将初步实现国家《中华人民共和国固体废弃物污染环境防治法》中的“减量化、资源化、无害化”的要求。垃圾分类能产生巨大的社会、资源和环境效益：可以节省大量的固定设施投入，村里的垃圾桶、垃圾压缩设施可以省掉，绝大部分垃圾不出村(镇)即被消纳利用，减少了垃圾大范围的跨乡村运输；增加了农民收入，垃圾变成资源后就产生了价值，还提高了农民的环保意识。

生态补偿标准的确定可以在政府广泛征求民意的前提下制定，可以先选择一个或两个村做示范，研究对比实施的效果，最后再制定农村生活垃圾分类的生态补偿标准。

2. 完善农村垃圾分类收集处理政策

一是明确垃圾分类的意义，加强宣传引导，增强环境卫生、环境保护意识；二是明确垃圾分类的内容，加强科学指导，增强基层组织操作实效性；三是明确垃圾分类的奖惩措施，完善激励机制，促进垃圾分类有效运作。此外，还应配套完善相关的垃圾分类标准和管理办法，明确职责分工，把垃圾分类政策落到实处。

鼓励生活垃圾分类收集，设置垃圾分类收集容器。对塑料、玻璃、金属等垃圾进行回收利用；危险废弃物应单独收集处理处置。禁止农村垃圾随意丢弃、堆放、焚烧。城镇周边和环境敏感区的农村，在分类收集、减量化的基础上可通过“户分类、村收集、镇转运、县市处理”的城乡一体化模式处理处置生活垃圾。对无法纳入城镇垃圾处理系统的农村生活垃圾，应选择经济、适用、安全的处理处置技术，在分类收集基础上，采用无机垃圾填埋处理、有机垃圾堆肥处理等技术。砖瓦、渣土、清扫灰等无机垃圾，可作为农村废弃坑塘填埋、道路垫土等材料使用。有机垃圾宜与秸秆、稻草等农业废物混合进行静态堆肥处理，或与粪便、污水处理产生的污泥及沼渣等混合堆肥；亦可混入粪便，进入户用、联户沼气池厌氧发酵。

六、江苏农村生态环境建设困境

1. 种植业和畜禽养殖业是农村面源污染的重要来源

农药、化肥污染严重。农药作为工业产品本身就是污染环境的有害物质。化肥在生产过程中混入一些有害物质或不科学合理地施用，施用后会使土壤理化性质变劣，土壤微生物的活动受到不良的影响；过剩的氮、磷等营养元素渗入到地下，污染了井水，或随农田排放流入地面水体，引起水体富营养化，影响水生生物生长。乱用、滥用农药，过多单一地施用化肥，更加剧了对环境的污染，通过生物链影响到人体健康和生命安全。

2. 农村生活污水污染严重

2012 年，江苏省生活污水年排放量 35.29 亿吨，村庄的排水渠道和污水处理系统覆盖率也不高。农村生活污水具有量大面广、有机物浓度偏高、日变化系数大、间歇排放、控制困难等特点，未经处理的生活污水肆意排放，严重污染农村生态环境，直接威胁广大农民群众的身体健康，阻碍了农村经济的发展。同时，农村工业企业过快无序发展造成农村环境的破坏，乡镇工业污水排污量大、类型复杂，产业集聚带来的生活和工业复合污染问题对农村居民健康造成严重威胁。乡镇企业污废水治理仍较落后，特别是苏北农村地区，大部分镇区未建生活污水处理厂，污水和雨水一并进入合流管道，就近排入河道，使河道、湖泊受到严重污染，严重破坏了农村生态平衡，乡镇企业复合污染治理已迫在眉睫。

3. 工业“三废”污染仍较严重

根据统计，2012 年江苏省排放工业废水 236 100 万吨、工业二氧化硫 959 200 吨，与 2011 年相比较都有所下降，同时工业粉尘排放量也在逐年下降，但是工业“三废”的排放直接或间接地污染了农村生态环境。

七、江苏农村生态环境建设路径

农村生态环境建设是新农村建设的重要内容。为进一步促进农村生态环境建设，针对当前农村生态环境建设中应突出把握的问题提出相应建议，探索江苏农村生态环境的建设路径。

1. 加强宣传教育力度，提高农民的生态环保意识

农民是农村环境建设的主体，农民的生态意识对农村生态环境建设起着决定性作用。长期以来，农民生态意识淡薄，缺少基本的环保知识；发展观念落后，循环经济、低碳经济、低碳生活理念尚未形成。农民环保意识不提高，农村的环境污染就得不到根治，因此，要通过各种媒体宣传，印发环保知识手册等方式，开展多种形式的生态文明知识、环保政策法规宣传，让农民群众充分了解环境卫生与自身健康的关系，提高保护环境、防治污染的自觉性和主动性；积极引导农民自觉保护农村生态环境，倡导健康文明的生产方式、生活方式，不断增强农民的低碳消费意识等。

2. 大力推进生态农业示范区建设

生态农业是一种在农业生产实践中形成的兼顾农业的经济效益、社会效

益和生态效益，结构和功能优化了的农业生态系统。江苏省三大区域农村地区需要根据自己的具体情况，因地制宜地发展生态农业，决不能盲目追求单一的生态农业发展模式。农民是农村生态环境建设的主体和最终受益者，农村生态环境建设必须充分尊重农民的意愿，与各区域的资源特点相结合。要立足农村的实际情况，从农民最迫切的需求出发，突出地方特色，走出一条受农民欢迎的生态农业发展道路，最终改变农村资源浪费、废物污染、生态环境环境恶化的状况。

3. 加大农村环保资金投入力度

采取政府引导、社会投入、市场运作的方式，多渠道筹措资金，鼓励国内外企业以及吸引民间资金投入环境保护领域，引导全社会参与城乡统筹农村环保建设，形成以中央财政投入为主、地方配套、村民自愿的多方资金保障体系，使全社会都积极投入到环境保护中来。实施以奖促治、以奖代补、以奖代投等措施，切实增加农村环保投入，将农村环保建设资金列入各级政府财政预算，充分发挥公共财政在一体化建设方面的引导作用。有了强有力的资金保障，才能大力开展农村环境基础设施建设、农村环境综合整治等，从而为农村环保工作奠定坚实的物质基础。

4. 加强农村环境基础设施建设

积极探索适合江苏不同区域特征的城乡统筹环境基础设施建设的道路，提高农村环保技术装备水平。对乡镇污水处理厂，除主体工程要给予资金配套之外，对纳管费用、运行经费等也要给予补助。推进城乡垃圾一体化收集处置体系建设，加快镇(乡)垃圾中转设施，城镇或区域生活垃圾无害化集中处理设施建设，积极开展现有生活垃圾处理设施的无害化改造或封场，确保集中收集的农村生活垃圾得到无害化处置。尽快形成“户收、村集、乡中转、县处理”和偏远镇村“就地分拣、综合利用、无害化处置”的城乡一体化垃圾处置体系，完善垃圾处理设施建设。

5. 建立健全生态环境保护的长效机制

强化各级政府的领导责任。将农村生态环境建设列为干部政绩考核的重要内容，实行经济增长与环境保护指标一同考核。加强农村环境监管网络建设。进一步增加基层环保力量，配备相应检测设备和技术人员。抓紧建好环境检测评价体系和信息系统，定期公布农村环境质量状况。加强环境执法队伍建设，严厉打击乡镇企业私排乱放、超标排放行为。

第四章　江苏农村生态文明监测体系建设

一、农村生态文明样本点的选取依据研究

农村生态文明的建设是一个动态、综合的社会实践过程。我们不能将其简单地停留在理论层面，而要把科学理论转化为具体的实践。而在具体的实践中，农村生态文明建设的状况如何不能凭空而论，必须要有一个科学的评价与监控标准体系，对农村生态文明建设过程中涉及的重大任务、重要问题、重点环节进行量化，使之看得见、摸得着。在建立完善评价指标体系的基础上，找选准着力点和切入点，选取适当的样本点位进行长期监控，使其具有较强的针对性、客观性，对了解农村生态文明建设动态的发展过程并适时修正量化指标，有着积极的现实意义。

1. 样本点位的选取须与相关政策、沿革接轨

(1) 为贯彻落实《国务院关于落实科学发展观加强环境保护的决定》(国发〔2005〕39 号)，加强农村环境保护工作，推进社会主义新农村建设，国家环保总局于 2006 年开展国家级生态村创建活动，制定了《国家级生态村创建标准(试行)》，在标准中明确“村”是指依据国家有关规定设立的行政村。江苏也于 2007 年颁布了《江苏省生态村考核标准》。

(2) 2009 年国务院办公厅转发环境保护部等部门《关于实行“以奖促治”加快解决突出的农村环境问题实施方案》(国办发〔2009〕11 号)，明确“以奖促治”政策的实施，原则上以建制村为基本治理单元。

(3) 2010 年环保部在《关于进一步深化生态建设示范区工作的意见》(环

发[2010]16 号)中这样表述："生态乡镇应有 80%的行政村达到生态村的建设标准"。

(4) 2011 年江苏省在按照国家统一部署开展农村环境连片整治示范试点的基础上，全力推进村庄环境整治工作(苏环办〔2011〕397 号)。

(5) 截至 2013 年，江苏省环境监测工作实施方案对全省农村环境质量监测试点工作作出规定，要求每个市至少选择 1 个村庄开展农村环境质量试点监测。

综上所述，行政村(建制村)既是法律规定的农村社会基层管理单位，又是农村群众自治组织的区域依托，同时也是农村环境保护的基本单元。因此，样本点位区域应以行政村为单位来选取。

2. 样本点位的选取须符合江苏实际

1) 样本点位选取分苏南、苏中、苏北三个梯度

近年来，江苏区域农村经济发展差距逐步凸显，苏南农村经济发展迅猛，苏中、苏北却相对滞后。省委、省政府依据区域发展不平衡、梯度特征明显的省情实际，重新界定了苏南、苏中、苏北三大经济区域的范围，提出了"苏南提升"、"苏中崛起"、"苏北振兴"的目标。经济发展和生态文明建设的关系是彼此依托、互相推动的。

2) 样本点位选取以水污染防治重点区域的分布为依托

江苏滨江临海，水网密布。国家确定重点治理的"三河三湖"，江苏就有淮河、太湖两个，同时还承担南水北调"清洁供水"的重任。这些水污染防治重点治理区域同样也是生态文明建设的重点区域。如能将几大水污染防治区域的版块与苏南、苏中、苏北三个梯度有机结合，确定在苏南(太湖流域)、苏中(南水北调沿线区域)、苏北(淮河流域)分别选取环境问题突出、群众反映强烈的村庄作为相应的样本点位，从环境要素的角度可以突出生态文明建设

的重点。

3. 样本点位的选取要符合监测目的、内容和布点原则

1) 监测目的

第一，例行监测。例行监测不仅为掌握环境容量提供了良好的依据，而且更好地积累了历史资料，为未来发展趋势进行预测提供了科学的方法。

第二，监视性监测。为了对生态环境的重要变化进行监视而设立了监督网点，其目的在于将仪器的、人工的、生物的监督办法应用到主要污染单位、河道及地域的治理中。

第三，特种目的监测。类似特种目的监测，其内容、形式、目的不尽相同。比如污染事故仲裁监测、污染源调查监测、企业升级监测等。

第四，研究性监测。污染物的确定及探明监测，是依照某生态环境课题的研究目的为前提的，测试由排放源到受体的全过程，并观察在此过程中污染物的浓度以及对环境的影响。

农村生态文明建设监测要同时加强例行监测与监视性监测，并使两者相结合成为监测的主体。提高例行监测数据资料的连续性、数据的准确性、监测点的科学性以及样品的代表性，同时对重点污染源进行监视监测，可以使环境法规、环境规划、综合防治等的制定有据可循，也可以更好地掌控生态文明建设的发展进程。

2) 监测内容

农村生态文明建设监测体系的主干部分是农村环境质量的监测。农村环境质量是指农村人居环境质量与农业生产息息相关的环境质量，主要包括农村水环境(饮用水源地和地表水水质)、空气环境、土壤环境质量几方面的内容。

3) 布点原则

第一，优选点位，强调代表性。在优化选点定位之前，应对江苏农村的污染源、环境情况进行充分细致的调查和了解，保证被调查村庄具有一定的代表性且监测结果能准确真实地体现农村生态文明建设的监测点位。

第二，随机布点，突出重点。样本点位置依据随机性原则布设，对不同地区的农村环境质量进行监测，这样才能更客观、更全面地体现农村生态文明建设的进展情况。对于那些已证实或者持怀疑态度的污染较严重的地域，应首先优先考虑布设，并根据实际情况增设点位，加强对该区域的监测。

第三，围绕监测项目确定点位。我们要对农村生态文明建设进展情况进行监测，这就需要选择一定的监测项目，并且这个项目必须兼顾代表性、灵活性、针对性和可操作性的特点。换句话说，我们所选取的监测指标是严格的，它应该具有代表性，能够折射农民的生产生活、身体健康状况，还要考察环境对动植物生长的影响程度。我们所选取的监测点位也不是无根据的，它必须以农村的环境质量为依据，围绕具体的监测项目，能够如镜子一样，不仅能映照出农产品所处的地理环境质量，还能映照出农村的环境状况。

二、江苏农村生态文明指标体系的构建研究

1. 农村生态文明建设基本条件

(1) 制定了符合区域环境总体规划要求的生态村建设规划，村庄建设符合规划要求，布局合理，村容整洁。经济发展符合国家产业政策和环保政策，布局符合规划要求。

(2) 环境保护有明确的分管领导，有专职环保监督员。

(3) 认真贯彻执行环境保护政策和法律法规，有环境保护的村规民约、长效管理制度和宣传设施，倡导生态文明；环境保护有明确的分管领导，有专

职环保监督员；村民能自觉遵守环保法律法规和有关规定。

(4) 深入开展农村环境综合整治，村庄环境无“脏、乱、差”现象，秸秆焚烧和“白色污染”基本得到控制。

(5) 基本农田得到有效保护。无滥垦、滥伐、滥采、滥挖现象，无捕杀、销售和食用珍稀野生动物现象，防止外来有害物种入侵。近 3 年内未发生较大级别(III 级以上)环境污染事故和生态破坏事件。

(6) 村民反映的各类环境问题得到有效解决，对环境状况的满意率≥85%。

表 4-1　农村生态文明建设的主要考核指标

类别	序号	指标名称	指标值
环境质量	1	集中式饮用水源水质达标率/%	100
	2	地表水环境质量	达到环境功能区、环境规划要求
	3	空气环境质量	
	4	声环境质量	
环境污染防治	5	生活污水处理率/%	≥70
	6	生活垃圾无害化处理率/%	≥90
		生活垃圾资源化利用率/%	≥50
	7	* 重点工业污染源达标排放率/%	100
	8	* 建设项目环评和“三同时”执行率/%	100
	9	规模化畜禽养殖场粪便综合利用率/%	≥90
		非规模化畜禽养殖散户粪便收集、综合利用率/%	≥50
		畜禽养殖废水处理达标率/%	100
	10	农作物秸秆综合利用率/%	≥90，且禁烧区内无秸秆露天焚烧、抛河现象
	11	农膜回收率/%	≥95
	12	农用化肥施用强度(折纯)/[公斤/(公顷·年)]	<280
		农药施用强度(折纯)/[公斤/(公顷·年)]	<3.5
生态环境建设	13	使用清洁能源的居民户数比例/%	≥50
	14	饮用水卫生合格率/%	100
	15	无害化卫生户厕普及率/%	100
	16	村庄河塘清淤完成率/%	≥90

续表

类别	序号	指标名称	指标值
生态环境建设	17	人均公共绿地面积/(m^2/人)	≥8
	18	主要道路绿化普及率/%	≥95
	19	森林覆盖率/%	≥15
	20	主要农产品中有机、绿色及无公害产品种植(养殖)的面积比重/%	≥60
	21	村民对环境状况满意率/%	≥95

注：* 为选择指标，其余为必考指标

2. 农村生态文明建设的主要指标解释

本标准中的村、村庄系指依照国家有关规定设立的行政村(涉农社区)，包括行政村(涉农社区)所辖的所有自然村、组、居住点。

1) 基本条件

第一，制定了符合区域环境总体规划要求的生态村建设规划，村庄建设符合规划要求，布局合理，村容整洁。经济发展符合国家产业政策和环保政策，布局符合规划要求。制定了符合区域环境总体规划要求的生态村建设规划，并报县(市、区)环保部门备案。村庄建设符合生态村建设规划要求，村域内功能分区布局合理，生产区(包括工业和畜禽养殖区)与生活区分离，工业企业入园进区，实现园区管理。经济发展符合规划要求，严格执行建设项目环境管理有关规定。无不符合国家环保产业政策的企业，主要企业持续实施了清洁生产。工业污染源稳定达标排放，有节能减排任务的，要按有关要求完成能源消耗降低、主要污染物减排的指标任务。工业固体废物得到适当处置并无危险废物排放，执行《一般工业固体废物贮存、处置场污染控制标准》(GB18599—2001)。村庄建设与当地自然景观、历史文化协调。村容整洁，村域范围内无乱搭乱建及随地乱扔垃圾现象，管理有序。环境基础设施完善，建成生活污水处理设施(含接管处理)，垃圾集中收运处置体系健全并建成垃圾中转站等，符合国家相关标准的要求。

第二，环境保护有明确的分管领导，有专职环保监督员。环保队伍组织落实，有明确的分管领导，至少有一名专职人员负责日常环保工作。

第三，有环境保护的村规民约、长效管理制度和宣传设施，倡导生态文明；村民能自觉遵守环保法律法规和有关规定。制定了包括环境保护内容的村规民约，并家喻户晓；有固定的环保宣传设施，内容经常更新；群众有良好的卫生习惯与环境意识，有正常的反映保护环境的意见和建议的渠道，自觉遵守环保法律法规和有关规定。

第四，全面完成年度农村环境综合整治(“六清六建”)和清洁工程(“三清一绿”)任务；宅边路旁绿化，水清气洁，生态良好。完成相关部门下达的年度清淤、改厕、一池三改、垃圾和生活污水收集处理、秸秆综合利用、“三品”(无公害、绿色、有机食品)基地建设、测土配方施肥等目标任务。依据《江苏省农村环境综合整治考核暂行办法》，年度考核 95 分以上。村庄宅旁、路旁、河(沟)旁，在做到应栽尽栽、栽足栽满的同时，适当规划调整一定的土地用于绿化，确保绿化覆盖率达标。环境状况良好，路面平整，排水通畅，无污水溢流、无暴露垃圾、无冒黑烟、水体黑臭现象，无焚烧秸秆垃圾和废弃农膜随意丢弃现象。

第五，三年内没有发生较大的环境污染事故和生态破坏事件，群众对环境状况比较满意，无群体生态环境上访事件。村内企业认真执行环保法律法规制度，近三年内没有受到环保部门的行政处罚。划定的基本农田保护区数量和等级不变或有所提高。村内没有大于 25 度坡地被开垦、任意砍伐山林、开山采矿及捕杀、贩卖、食用受国家保护野生动植物现象。无破坏林地、古树名木和古迹的事件。近三年没有发生较大(Ⅲ级以上)环境污染事故；判断标准参照 2006 年国务院颁布《国家突发环境事件应急预案》关于环境污染事件的分级规定。近三年无群体生态环境上访事件。12369 环境投诉处理基本满意要求达到 95%以上。

2) 指标解释

(1) 第 1 项：集中式饮用水源水质达标率

指标解释：根据国家有关规定划定集中式饮用水源保护区的村域，其地表水水源一级、二级保护区内监测认证点位(指经所在县级以上环保局认证的监测点，下同)的水质，达到《地表水环境质量标准》(GB 3838—2002)或《地下水质量标准》(GB/T 14848—93)相应标准的取水量占总取水量的百分比。

数据来源：环保、建设等部门。

(2) 第 2 项：地表水环境质量

指标解释：按 2007 年 8 月 6 日《江苏省农村地表水环境质量监测实施方案》(苏环然〔2007〕25 号)和 2007 年 9 月 18 日《江苏省农村地表水环境质量监测实施方案补充通知》(苏环然〔2007〕29 号)要求布点监测的结果。

数据来源：环保部门。

(3) 第 3 项：空气环境质量

指标解释：村域内大气的认证点位监测结果，已经划定环境功能区的，要达到环境功能区要求；未划定环境功能区的，要达到区域环境规划对大气环境质量的要求。

数据来源：环保部门。

(4) 第 4 项：声环境质量

指标解释：村域内声环境的认证点位监测结果，已经划定环境功能区，要达到环境功能区要求；未划定环境功能区的，要达到区域环境规划对声环境质量的要求。

数据来源：环保部门。

(5) 第 5 项：生活污水处理率

指标解释：指经过集中式生活污水处理厂或其他处理设施处理的生活污水量占生活污水排放总量的百分比。集中式生活污水处理厂是指采用规范的生活污水处理工艺进行污水处理的城镇污水处理厂。其他处理设施包括湿地处理工程、净化沼气池等，通过采取四格式、三格式、一池三改、沼气池等符合当地实际的处理方式对生活污水进行处理，且受益农户达 70%以上。要根据经济发展水平、人口规模和分布情况等，因地制宜选择纳入城市污水收集管网或建设集中或分散污水处理设施。污水处理厂污泥应做到安全处置。

数据来源：建设、环保部门。

(6) 第 6 项：生活垃圾无害化处理率、资源化利用率

指标解释：生活垃圾无害化处理率指经无害化处理的生活垃圾数量占生活垃圾产生总量的百分比。生活垃圾无害化处理指卫生填埋、焚烧、制造沼气和堆肥。卫生填埋场应达到有关环境影响评价的要求(包括地点及其他要求)。执行《生活垃圾填埋场污染控制标准》(GB 16889—2008)和《生活垃圾焚烧污染控制标准》(GB 18485—2001)等垃圾无害化处理的有关标准。

生活垃圾资源化利用率指在开展垃圾“户分类”的基础上，对不能利用的垃圾定期清运并进行无害化处理，对其他垃圾通过制造沼气、堆肥或资源回收等方式，按照“减量化、无害化”的原则实现生活垃圾资源化利用。

数据来源：城建(环卫)、统计部门。

(7) 第 7 项：重点工业污染源达标排放率

指标解释：指村域内实现稳定达标排放的重点工业污染源数量占所有重点工业污染源总数的比例。重点工业污染源包括废水排放和废气排放两类污染源。“重点工业污染源”是指辖区内分别按废水、废气中主要污染物排污量从高到低，累计排放量占排污总量 85%的工业污染源。“排放达标”是指浓度稳定达到排放标准，执行排污许可证的规定，不超过排污总量指标要求，未发生污染事故。

工业废水排放达标率是指村域内重点工业企业，经其所有排污口排到企业外部并稳定达到国家或地方排放标准的工业废水总量占外排工业废水总量的百分比。

工业废气排放达标率是指村域内重点工业企业，在燃料燃烧和生产工艺过程中稳定达到排放标准的工业烟尘、工业粉尘和工业二氧化硫排放量分别占其排放总量的百分比。

数据来源：环保部门。

(8) 第 8 项：建设项目环评和“三同时”执行率

指标解释：村域内当年投入运行的建设项目中，环评和“三同时”两项制度执行的项目所占比例。

数据来源：环保部门。

(9) 第 9 项：规模化畜禽养殖场粪便综合利用率、非规模化畜禽养殖散户粪便收集、综合利用率

指标解释：指村域内畜禽养殖场综合利用的畜禽养殖粪便与产生总量的比例。按照《畜禽养殖污染防治管理办法》(国家环境保护总局令第 9 号)，规模化畜禽养殖场是指常年存栏量为 500 头以上的猪、3 万羽以上的家禽和 100 头以上的牛的畜禽养殖场，以及达到规定规模标准的其他类型的畜禽养殖场。畜禽养殖粪便综合利用主要包括用作肥料、培养料、生产回收能源(包括沼气)等。规模化畜禽养殖场应执行《畜禽养殖业污染物排放标准》(GB 18596—2001)的相关规定。非规模化畜禽养殖散户的畜禽粪便要收集、经过处理后综合利用。

村域内规模化养殖场、养殖小区必须实行固液分离，废水处理全部达标和粪便全部综合利用。达标率、处理率分别指已处理达标的废水量占废水产生总量的百分比和综合利用的粪便量占粪便总量的百分比。规模化的认定按 2001 年国家环境保护总局 9 号令颁布的《畜禽养殖污染防治管理办法》中明确的规模执行。

废水处理达标是指废水处理符合《畜禽养殖业污染防治技术规范》(HJ/T 81)，达到《畜禽养殖业污染物排放标准》(GB 18596)中规定的标准。

数据来源：农业、环保等部门。

(10) 第 10 项：农作物秸秆综合利用率

指标解释：综合利用的农作物秸秆数量占农作物秸秆产生总量的百分比。秸秆综合利用包括合理还田、作为生物质能源、其他方式的综合利用，不包括野外(田间)焚烧、废弃等。无露天焚烧秸秆和将秸秆抛入水体现象。

数据来源：农业、环保等部门。

(11) 第 11 项：农膜回收率

指标解释：指回收农膜量占农膜使用量的百分比。

数据来源：农业、统计部门。

(12) 第 12 项：农用化肥施用强度、农药施用强度

指标解释：农用化肥施用强度指村域内实际用于农业生产的化肥施用量(包括氮肥、磷肥、钾肥和复合肥)与播种总面积之比。农药施用强度指实际用于农业生产的农药施用量与播种总面积之比。化肥、农药施用量要求根据折纯量计算。

数据来源：农业、统计部门。

(13) 第 13 项：使用清洁能源的居民户数比例

指标解释：指村域内使用清洁能源的居民户数占居民总户数的百分比。清洁能源指消耗后不产生或很少产生污染物的可再生能源(包括水能、太阳能、沼气等生物质能、风能、核电、地热能、海洋能)、低污染的化石能源(如天然气)，以及采用清洁能源技术处理后的化石能源(如清洁煤、清洁油)。

数据来源：统计、经贸、能源、农业、环保等部门。

(14) 第 14 项：饮用水卫生合格率

指标解释：生活饮用水质符合国家《生活饮用水卫生标准》(GB5749—2006)中的规定。饮用水水质合格率=村域内符合国家《生活饮用水卫生标准》的户数/全村总户数×100%。

数据来源：卫生部门。

(15) 第 15 项：无害化卫生户厕普及率

指标解释：指拥有无害化卫生户厕的农户数占总户数的百分比。其中，苏中、苏北生态型户厕率应达到 50%以上。生态型户厕率指村内使用生态型户厕(即将粪便经沼气化或其他处理方法处理后产生能源和肥料并全部得到利用的户厕)的户数(也包括以资源化为目的粪便集中处理设施服务范围内的户数)与村内总户数的百分比。无害化卫生户厕达到江苏省《农村无害化卫生户厕技术规范》(DB 32/950—2006)的要求；“一池三改”工程规划、布局合理，运行正常。

数据来源：卫生、农业部门。

(16) 第 16 项：村庄河塘清淤完成率

指标解释：完成村域内河道、水塘、沟渠清淤任务，并建立长效管理维护机制和正常的轮浚制度，改造完善水利设施，保持水体流动。

数据来源：水利、环保部门。

(17) 第 17 项：人均公共绿地面积

指标解释：人均公共绿地面积指村内公共绿地面积与常住人口的比值，周边山林不包括在内。

数据来源：城建部门。

(18) 第 18 项：主要道路绿化普及率

指标解释：指村内主要街道两旁栽种行道树(包括灌木)的长度与主要街道总长度之比。

数据来源：城建、园林部门。

(19) 第 19 项：森林覆盖率

指标解释：指村域森林面积占土地面积的百分比。森林，包括郁闭度在 0.2 以上的乔木林地、经济林地和竹林地。同时，依据国家特别规定的灌木林地、农田林网以及村旁、路旁、水旁、山旁、宅旁林木面积折算为森林面积的标准计算。

数据来源：县级以上统计、林业部门。

(20) 第 20 项：主要农产品中有机、绿色及无公害产品种植(养殖)的面积比重

指标解释：指村域内主要农(林)产品、水(海)产品中，认证为有机、绿色及无公害农产品的种植(养殖)面积占总种植(养殖)面积的比例。其中，有机农、水产品种植(养殖)面积按实际面积两倍统计，总种植(养殖)面积不变。有机、绿色和无公害农、水产品种植(养殖)面积不能重复统计。

数据来源：县级以上农业、林业、环保、质检、统计部门。

(21) 第 21 项：村民对环境状况满意率

指标解释：对村民进行抽样问卷调查。随机抽样户数不低于全村居民户数的五分之一。问卷分“满意”、“基本满意”、“不满意”供村民选填。村民环境状况满意率=问卷结果为(“满意”+“基本满意”)的问卷数／问卷发放总数×100%。考核期间进行公示，接受群众举报。

三、江苏农村生态文明监测体系的建设方案研究

农村环境监测对农村环境保护和生态文明建设的意义是不言而喻的。然而，长期以来，由于政策和投入没有跟上，我国的环境监测、统计和生态调查在农村地区存在明显的漏洞，甚至基本上没有形成相应的工作体系，从而妨碍了对农村生态环境质量现状及变化趋势的准确认识。同时，监测数据的缺乏对农村生态环境承载能力的估算、农业环境行政执法及农村突发生态环境事故的预警等也造成了一定的影响。

根据国家相关标准，农村生态文明监测应主要涉及生态环境调查、地表水环境质量监测、大气环境质量监测、土壤环境质量监测几个方面。结合江苏农村的生态环境特征、经济技术条件和目前正在开展的试点监测工作，提出如下农村生态文明监测体系建设的建议以供参考。

1. 指导思想

以科学发展观为指导，以探索环保新道路统领农村生态文明监测事业发展，坚持试点先行、稳步推进、规范监测、注重实效。遵循农村生产生活规律，统筹兼顾经济、社会、地理等区域差异，因地制宜，分类指导，突出重点，围绕危害群众身体健康、威胁城乡居民食品安全、影响农村可持续发展的突出环境问题，制定有针对性的监测方案，及时反映农村环境质量和污染状况，开拓农村生态文明监测工作局面。

2. 工作目标

基本建立农村生态文明监测工作制度，逐步完善农村生态文明质量报告和信息发布机制，出台相关技术规范。实施以城市带动农村战略，确立以县区级环境监测机构为主的工作模式。

3. 实施范围

选取适当的样本点，确定监测范围、监测点位、监测指标和监测频次，开展农村生态文明监测试点。探索扩大监测范围，优化监测指标和监测项目，视条件稳步推进。

4. 监测方案

1) 试点村庄的背景调查

调查方法：包括收集现有资料、野外调查、应用遥感和地理信息系统技术和访问专家等。

调查内容：第一，社会和自然概况。重点了解当地经济发展状况，自然地形地貌特征、地质条件、土壤类型、辖区总面积、农业用水资源概况、土壤环境背景值等。第二，主要环境问题。主要工业和生活污染源分布，污灌历史，主要污染物污染渠道及排放量等。第三，农作物种植及生产管理现状。

耕地总面积；作物品种、灌溉水源、灌溉用水量；化肥、农药及其他化学品种类和用量；有机肥施用量等。

2) 饮用水源地和地表水水质监测

影响农村水环境质量的污染物按照排放方式可分为点源和面源，根据污染性质可分为持久性污染物、非持久性污染物、水体酸碱度(pH)和热效应四类。常规水质因子以《地表水环境质量标准》(GB 3838—2002)中所列的 pH、溶解氧、高锰酸盐指数或化学耗氧量、五日生化需氧量、总氮或氨氮、酚、氰化物、砷、汞、铬(六价)、总磷及水温作基础，根据水域类别、污染源状况等具体情况适当增减，监测项目与评价标准具体如下。

(1) 饮用水源地

地表水饮用水源地：《地表水环境质量标准》(GB 3838—2002)表 1、表 2 中的基本项目 28 项(除 COD_{Cr} 以外的项目)。采用单因子评价法，执行《地表水环境质量标准》(GB 3838—2002)Ⅲ类标准，给出超标水源地和超标污染物名称和倍数。

地下水饮用水源地：《地下水质量标准》(GB/T 14848—93)中 23 项，详见《关于 113 个环境保护重点城市实施集中式饮用水源地水质月报的通知》(环函〔2005〕47 号)。采用单因子评价法，执行《地下水质量标准》(GB/T 14848—93)III 类标准，给出超标水源地和超标污染物名称和倍数。

(2) 地表水

① 村庄河流(水库)

《地表水环境质量标准》(GB 3838—2002)表 1、表 2 中的基本项目 28 项(除 COD_{Cr} 以外的项目)。评价方法执行《地表水环境质量评价方法(试行)》(环办〔2011〕22 号)，同时给出超标河流(水库)和超标污染物名称和倍数。

② 布设取样断面

以河流为例，在居民点调查范围的两端、重点保护水域(如自然保护区、鱼虾产卵觅食区等)及人口密集区、水文特征突然变化处(如支流汇入等)、水质急剧变化处(如污水排入处等)、重点水工构筑物(如取水口等)等附近应布设取样断面。其他水域的取样断面的布设可以此为参考，酌情处理。

③ 监测时间和频次

每个季度监测一次，全年四次。

④ 采样和分析方法

采样方法：执行《环境监测技术规范(水和废水部分)》。

分析方法：地表水执行《地表水环境质量标准》(GB 3838—2002)，地下水执行《生活饮用水标准检验方法》(GB/T 5750—2006)。

⑤ 质量保证

执行《地表水和污水监测技术规范》(HJ/T 91—2002)及《环境水质监测质量保证手册(第二版)》。

(3) 空气环境质量监测

和水环境质量监测一样，要进行大气环境质量监测，首先必须确定监测因子。监测因子选择等标排放量大的、区域污染物浓度已达或接近环境空气质量标准限值的污染物，农村地区一般以二氧化硫(SO_2)、二氧化氮(NO_2)和可吸入颗粒物(PM10)为主。

① 监测项目与评价标准

二氧化硫、二氧化氮和可吸入颗粒物(PM10)的日均值。空气质量评价标准执行《环境空气质量标准》(GB 3095—1996)及其修改单(二级标准)。

② 布点要求

监测点位的设置应当遵循“以环境功能区为主，兼顾均匀分布性”的原则，还应根据监测目的而设定：在企业集中区的下风向范围、人口聚集区范围内及周边地区可多设置些点位，污染物超标区监测点的数目要多些，生态环境敏感区和关心点应设置监测点。各监测点的设置条件应尽可能一致或标准化，一经确定不宜轻易变动，以保证监测数据的连续性和可比性。

③ 监测时间和频次

每个季度各监测一次。

④ 监测方法

手工监测：每个季度各选连续的 5 天。二氧化硫、二氧化氮每天进行不少于 18 小时的采样，可吸入颗粒物(PM10)每天进行不少于 12 小时的采样。

自动监测：每个季度各选连续 5 天，每天连续监测。

⑤ 质量保证

执行《环境空气质量手工监测技术规范》(HJ/T 194—2005)和《环境空气质量自动监测技术规范》(HJ/T193—2005)。

(4) 土壤监测

根据土壤应用功能和保护目标，土壤环境质量分为三类：Ⅰ类主要适用于国家规定的自然保护区(原有背景重金属含量高的除外)、集中式生活饮用水源地、茶园、牧场和其他保护地区的土壤，土壤质量基本上保持自然背景水平；Ⅱ类主要适用于一般农田、蔬菜地、茶园、果园、牧场等土壤，土壤质量基本上不对植物和环境造成危害和污染；Ⅲ类主要适用于林地土壤及污染容量较大的高背景值土壤和矿产附近等地的农田土壤(蔬菜地除外)。

① 布点和采样

以村为单元，菜地布设 3 个监测点位、基本农田布设 3 个监测点位、居民聚集区布设 3 个点位、选择两类重点污染场地各布设 3 个监测点位，共计监测 15 个点位。

重点污染场地种类包括：厂矿企业周边土壤；畜、禽、水产养殖场周边土壤；污水灌溉的农田土壤；大量堆放工业废渣、生活垃圾点周围的土壤；长期受工业废气和粉尘影响的土壤；其他怀疑有污染的土壤。

在 1 平方米监测区域内按照 5 点法，采集 0~20 cm 表层土壤，等量均匀(四分法)混合后为一个样品，采样量为 1kg。采样前记录点位坐标，拍摄照片。

② 监测项目

土壤理化性质：土壤 pH、阳离子交换量。

无机污染物：镉、汞、砷、铜、铅、铬、锌、镍、硒、钴等元素的全量。

有机污染物：有机氯农药类，各地根据当地施用农药种类，监测 3~5 种主要有机氯农药。

③ 监测时间和频次

1~8 月，全年监测一次，避免在施用农药、化肥后立即采样。

④ 分析和评价方法

执行《关于印发<2011 年全国土壤环境质量例行监测工作方案>的通知》(总站生字〔2011〕161 号)。采用达标评价和污染指数评价相结合的方法进行评价，提出有针对性的土壤环境污染防治对策和建议。

⑤ 质量保证

执行《全国土壤污染状况调查质量保证技术规范》、《土壤环境监测技术规范》(HJ/T 166—2004)。

(5) 固体废物调查

农村固体废物调查一方面要切实弄清农村固体废物的产生量和固体废物的成分，为垃圾填埋场、焚烧场等处理设施、沼气池建设等资源化利用设施，以及循环经济的发展提供可靠依据；另一方面，要清查农村危险废物并进行有效管理，减少危害。

农村的一般固体废物主要包括农业固体废物、工业企业固体废物和生活垃圾，其中生活垃圾的估算较为简便。生活垃圾是指在日常生活中或者为日常生活提供服务的活动中产生的固体废物以及法律、行政法规规定视为生活垃圾的固体废物，可以通过调查统计人均每日生活垃圾产生量进行总量估算。工业企业固体废物产生量及成分须由各单位自行申报。农业固体废物来源广泛，如农业生产(作物秸秆、农用薄膜等)、畜禽饲养(畜禽排泄物等)、农副产品加工等。

危险废物系指列入《国家危险废物名录》或者根据国家规定的《危险废物鉴别标准(GB 5085—1996)》等标准、方法认定的具有危险特性的固体废物。危险废物对生态环境和农村居民健康的危害极大，必须组织适当的人力、物力对农村危险废物进行清查，并及时安全地转运至废物集中处置中心进行储存和无害化处理。

(6) 视情开展的监测和项目

有针对性地加强对农村周边工矿企业的污染监测，建立农村工矿排污及其影响的环境监测档案，做到早监测、早预警、早治理。

加强规模化养殖场和化肥、农药等农业面源为主的农业污染源监测，掌握污染来源、主要污染物排放量、排放规律，会同农业等相关部门对农业面源污染开展监测。

对于可能受工矿企业噪声、道路交通噪声、飞机噪声影响的农村地区，要定期开展噪声监测。

第五章　江苏农村生态文明发展思路建议

一、健全生态产业体系

1. 着力推进产业结构绿色转型

产业优化升级是生态文明建设中发展方式转变的关键举措，按照产业发展生态化、生态经济产业化的要求，深化产业结构调整，加快构建现代产业体系，降低经济发展对资源和环境的依赖、对投资和出口拉动的依赖、对高能耗产业和重化工的依赖，不断提高质量、增加效益，既能起到给环境减负的作用，亦可在一定程度上给生态带来增值。优化产业结构，加快发展现代服务业，推进工业转型升级，提升生态农业水平，推广农业循环产业链模式，实行农业标准化生产，改善施肥用药结构，推动农业向绿色生产转变。推动开放型经济转型升级，坚持有进有出，重点引进的产业项目需向资源消耗少、技术含量高、带动能力强的方向倾斜。推动节能环保技术装备产业化，完善节能环保产业服务体系，加快把节能环保产业发展成为支柱产业，在为经济发展提供新的增长点的同时，也为生态文明建设提供必要的产业支撑和物质基础。

2. 积极发展生态循环农业

提升生态循环农业水平。发展现代设施农业和休闲观光农业，拓展农业生态、教育功能，培育发展种源农业、生物农业、感知农业、精准农业等新型农业。大力发展优质粮油、特色水产、精致园艺、生态林业，建设城郊特色农产品生产基地。拓展农业循环产业链，推广“种养加、农贸工”一体化、循环化的复合型农业，全面推广测土配方，积极使用有机肥或有机无机复(混)合肥，实施农药化肥减施工程，着力提高化肥农药利用率，推广可降解农膜。提高农业清洁种植、养殖水平，加强农业面源污染控制，建立农村面源氮磷流失生态拦截体系，科学划定禁养区，控制畜禽养殖和水产养殖强度，推进畜禽养殖粪污集中收集处理体系建设，鼓励发展池塘循环水养殖，逐步实现渔业池塘养殖尾水达标排放。扩大“三品”基地认证面积比例，太湖一级保护区范围建成生态农业圈。

探索生态循环农业模式。加快完善循环农业标准体系，大力推进农业标准化示范试点。进一步拓展农业循环产业链，探索生态循环农业模式，实现种养结合、生态养殖、废弃物资源化利用等。加强农业废弃物无害化处理和资源化利用能力建设，积极发展现代设施农业和创意生态农业。大力推进生态循环农业生产基地、无公害农产品、绿色食品和有机食品种植基地建设，切实保障“米袋子”、“菜篮子”有效供给和质量安全。普及农业清洁生产，加快循环型和节水型农业建设。按照减量化、资源化、再利用的发展理念，以农业废弃物资源循环利用为切入点，推广种养相结合、循环利用的生态健康种养生产方式。实施农村户用沼气、大中型沼气工程和秸秆气化集中供气工程，加强秸秆综合利用，在全国率先建立和完善秸秆收集贮运体系，形成布局合理、多元利用的产业化格局。大力推广稻麦秸秆机械化还田。提高秸秆等农业废弃物综合利用水平，建设秸秆规模化饲料加工、秸秆收贮、秸秆预处理、秸秆固化、秸秆覆草、秸秆食用菌等项目，严格禁止露天燃烧秸秆。开展设施农业生产废弃物循环利用、大田循环农业及秸秆生态种植等农业可再生资源循环利用。到 2015 年，全省农作物秸秆综合利用率达 90%以上。

建立生态循环农业基地。大力推进无公害农产品、绿色食品和有机食品种植基地建设，争取到 2015 年全省“三品”基地占耕地比例达 85%。到 2017 年，全省农业科技进步贡献率达到 67%，测土配方施肥面积占主要农作物播种面积的 70%以上，大中型规模畜禽场粪便无害化处理与资源化利用率达到

87%以上；太湖流域建成生态循环农业示范区1000个，化学氮肥和化学农药施用量比2010年分别下降5%和8%以上，规模化畜禽养殖场污染工程治理率达到70%，一、二级保护区及上游区域重点乡镇建立畜禽粪污收集处理服务体系，畜禽粪便资源化利用率达到90%以上，百亩以上连片鱼池实施循环水养殖面积达40万亩，占比80%，基本建成环太湖生态农业圈。

3. 优化现代农业生产格局

按照优质、高效、生态、安全的要求，构建“两带三区”农业现代化生产空间，具体包括沿江、沿海农业带和太湖、江淮、渠北农业区。沿江农业带，建成重要的综合性农产品生产区域；沿海农业带，建设粮食、棉花、水产、蔬菜、瓜果、畜牧、桑蚕生产基地，建设特色海产品加工生产基地和出口基地，建设重要的绿色食品生产基地和耐盐能源植物种植基地；太湖农业区，建设特色鲜果、优质茶叶、绿色无公害蔬菜、特色水产和优质肉蛋生产基地；江淮农业区，建成全省重要的农产品商品化生产区域；渠北农业区建成重要的商品粮生产基地和特色农产品出口基地。

4. 加强工业园区生态化、循环化改造

坚持因地制宜、分类指导、突出特色的原则，在工业园区推行循环清洁生产方式、加快建立资源循环利用体系、加强工业园区生态化循环化改造、强化工业污染防治与清洁生产、推进实施低碳示范项目，重点对国家级和省级开发园区实施生态化改造，同时加大资源整合的力度，提高资源利用效率和产出率，将其改造成为科技创新先导区、生态经济集聚区、集约发展示范区。

清理整顿各类村镇工业园区，提高各类工业园区内的环境基础设施建设水平，推进集中供热，强化污染集中控制，设置合理的安全防护距离，引导企业向依法批准设立、符合产业功能定位、环境基础设施较为完善的园区集

中。综合整治全省各类化工园区(集中区)，严格限制化工园区建设规模，园区内化工生产企业必须建设废水预处理设施，重点控制高盐、高毒性、难降解的污染物，排放废水中特征污染物必须达到集中污水处理厂接管要求。在省级以上开发区组织实施循环化改造工程，加大资源整合力度，着力提升生态工业园区建设水平。力争到 2015 年，70%以上的国家级开发区和 50%以上的省级开发区完成循环化改造；到 2022 年，所有省级以上开发区创建成为生态工业园，成为科技创新的先导区、新兴产业的集聚区、集约发展的示范区。

建立健全企业自愿和政府支持相结合的清洁生产机制，扩大自愿性清洁生产的审核范围，对超标、超量排污和使用、排放有毒有害物质的重点企业实施强制性清洁生产审核；加大清洁生产改造方案实施力度，推进低费、无费方案的全面实施，加大对中高费方案的政策支持力度，促进企业提高实施率。深化工业污染防治，强化对电力、钢铁、化工、造纸、食品加工等行业污染物稳定达标排放的治理与监管，全面排查和治理易排恶臭等刺激性气体的化工企业。同时，持续开展 ISO14000 环境管理体系、环境标志产品和其他绿色认证。到 2017 年，创建一批清洁生产先进企业，培育 50 项在国内同行业处于领先水平的示范工程。

编制低碳技术推广目录，积极开发轻质材料、可再生能源等低碳产品，在冶金、建材、石化以及装备制造等重点行业实施低碳技术产业化示范项目。积极发展新兴业务，如碳资产、碳基金等，苏南地区研究开展碳排放权交易试点。实行重点企业温室气体排放报告制度，出台《江苏省重点企业温室气体报告管理办法》。实行新能源消费配额制度，制定温室气体排放权分配方案。在注重提升绿地、湿地、农地等固碳水平的基础上，继续增强森林碳汇，强化碳汇能力建设。

二、持续优化生态环境

深入实施“蓝清绿”工程。把蓝天白云、青山碧水作为反映生态文明建设水平直观感受的重要标志，以解决损害群众健康的突出的环境问题为重点，综合治理水、大气、土壤等基本生态圈。

1. 深入实施蓝天工程

防控秸秆焚烧污染。在加强秸秆综合利用的同时，严格实施秸秆全面禁烧，实行分片包干负责制度，将秸秆禁烧的落实情况与农业各类补贴政策和环保工作考核挂钩，建立督查巡查、跨区域联动控制和治理机制，坚决遏制秸秆露天焚烧造成大气环境污染。

努力控制灰霾污染，切实改善大气环境质量。加快实施钢铁、水泥等非电行业烟气脱硫工程、13.5 万千瓦以上燃煤机组烟气脱硝工程；完成加油站、储油库、油罐车油气回收治理工作，机动车实施国Ⅳ排放标准，全面淘汰黄标车；加大对各类工业园区、工业集中区和能源、钢铁、化工、建材等重点行业粉尘、烟气和无组织排放的废气及恶臭气体的治理。到 2015 年，全省加油站、油库、油罐车油气回收治理率达到 100，酸雨发生频率控制在 30 以内。

2. 全面提升水环境质量

实施最严格的水资源管理制度，全面落实水资源开发利用、用水效率、水功能限制纳污“三条红线”。开展水生态文明建设试点示范工作，实现水安全有效保障、水资源可持续利用、水生态系统健康、水环境优美和谐的建设目标。具体措施包括以下几个方面：持续改善太湖流域水质，深入推进淮河流域水污染治理，加强长江水污染防治，保护海洋生态环境，加强地下水资源保护。

推动太湖流域水质持续改善。太湖治理可谓是全省生态文明建设的重中之重，须坚持应急防控与长效治理并重，深入实施太湖治理国家总体方案和省实施方案，全面推进以太湖一级保护区、西部沿岸区、望虞河西岸区及主要入湖河流为重点的环境综合整治。在深化工业污染防治，重点实施化工、印染、造纸等高耗水行业节水减排行动的同时，继续加强分散式农村生活污水处理设施建设，提高乡镇和农村生活污水处理率。加快太湖引排通道建设，完成走马塘、新沟河延伸拓浚工程，建设新孟河延伸拓浚工程，扩大引江济太规模。全面开展太湖湖体、出入湖河道和农村河浜生态清淤。积极推进治太关键技术研究，完善应急防控机制，加强蓝藻打捞、湖泛巡查、调水引流等工作。确保太湖饮用水安全、确保不发生大面积湖泛，促进太湖湖体水质总体保持稳中趋好。

加快推进长江、淮河流域和大型湖泊水污染防治。全面开展长江沿岸化工园区和入江支流的整治，加强入江排污口的治理和监管；强化水质监控预警和应急处理能力建设，加强有机毒物和重金属污染防治，确保饮用水源的安全。以控制氨氮为重点，进一步提高淮河流域污水集中处理率，做好跨省界河流达标治理工作，遏制洪泽湖、骆马湖、高邮湖等大中型湖泊富营养化加重的趋势；加大南水北调东线工程沿线污染治理力度，完善污水收集管网和截污导流工程，确保 2013 年通水时水质稳定达到Ⅲ类水标准；落实《通榆河水污染防治规划》和《通榆河沿线城镇污水处理规划》，推进通榆河西岸尾水导流工程建设。到 2015 年，淮河流域跨省界断面水质达到国家考核要求，洪泽湖水质达到Ⅳ类标准，高邮湖、骆马湖水质达到Ⅲ类标准。

扎实开展海洋生态保护。强化沿海发展过程中的水环境管理，保证沿海发展战略顺利实施。按照“陆海统筹、河海兼顾”的原则，以化工园区治理为重点，实施新沂河等主要入海河流水环境综合整治规划，严格控制陆域污染。开展近岸海域水产养殖业污染防治，调整水产养殖结构和布局，积极推行生态养殖模式。严格执行涉海工程建设项目海洋环境影响评价制度，严格执行海洋倾倒区建设的论证审批程序，以海洋环境容量为基础，控制达标尾水排放。开展海洋生态系统与生物多样性保护，增殖优质生物资源，建设好海州湾、牡蛎礁国家海洋公园和一批海洋类型保护区。实施生物护岸、入海河流水质净化、海生植被重建等示范工程，开展重点河口的湿地保护和受损滨海湿地修复。建设入海河口及直排口在线监测系统，构筑近岸海域环境监测网络平台。完善海洋灾害预报体系，提高对突发性环境事件的应急处理能力。到 2015 年，近岸海域海洋功能区水质达标率达到 80%，海洋特别保护区面积占总面积 10%。

加强地下水资源保护。全面开展地下水资源量普查和污染状况调查，复核地下水超采区，划定地下水禁采、限采范围和地下水位控制红线，建设地下水战略储备和应急水源地。严格控制地下水开采量，巩固苏锡常地区地下水全面禁采成果，建设地面沉降监测预警网络。到 2017 年，地下水超采状况持续好转，超采面积控制在 5%以内。强化徐州、连云港、淮安等地地下水源补给区污染防治，在南京、徐州、常州、苏州等地开展地下水污染修复试点。

3. 积极防治土壤污染

建立土壤污染评估制度。积极开展土壤污染防治，建立污染土壤风险评估和环境现场评估制度，加强被污染工业场地的环境监管，禁止未经评估和无害化治理的污染场地进行土地流转和二次开发。划定土壤环境优先保护区，严格控制新增土壤污染，强化土壤环境监管，加强典型高风险污染场地修复。

划定土壤环境优先保护区。在全面完成全省土壤污染状况调查的基础上，重点针对“一区两带”(环太湖工业区、沿江工业带和沿海经济带)及大中城市周边等土壤环境污染负荷较大的区域、重金属高背景地区、农田区域、重要蔬菜生产基地和社会关注的环境热点地区。根据主要粮食产区、蔬菜基地等重点区域耕地土壤环境质量状况，完成耕地土壤环境安全性评估和等级划分，开展江苏省土壤环境功能区划，进行分类管理。

严格控制新增土壤污染。基于国家规划环评和项目环评有关政策，在规划环评和排放重金属、有机污染物的工矿企业项目环评文件中，须强化土壤环境影响评价的内容并严格执行，进而防止在产业结构和布局调整过程中造成新的难以治理的土壤污染。新增工业用地必须开展土壤环境调查评估，并报所在省辖市环保部门备案。在耕地和集中式饮用水源地等土壤环境保护优先区域，禁止新建有色金属、皮革制品、石油煤炭、化工医药等项目，从严控制优先区域周边新建土壤污染项目。

强化污染土壤环境风险控制。开展耕地土壤环境监测和农产品质量检测，继续开展重点地区土壤污染状况加密调查，为了完成耕地土壤环境安全性评估和等级划分的目标，必须事先查明主要粮食产区、蔬菜基地等耕地土壤环境质量状况，开展粮食产区、蔬菜基地和集中式饮用水源地土壤环境质量动态监测，掌握土壤环境变化情况。定期对排放重金属、有机污染物的工矿企业以及污水、垃圾、危险废物等处理设施周边土壤进行监测，造成污染的要限期予以治理。强化被污染土壤环境风险控制，制定并实施被污染耕地土壤环境风险控制方案，对已被污染的耕地采取农艺调控、种植业结构调整、土壤污染治理与修复等措施，确保耕地安全利用，将污染严重且难以修复的土地划为农产品禁止生产区域。改变用途应按照有关规定开展土壤环境风险评估，经评估认定对人体健康有严重影响的污染地块，被污染地块修复后环境质量不能满足用地要求的不得进行二次开发利用，以确保土地转换用途后的安全利用，避免环境风险和社会纠纷。加强土壤环境监管能力建设，到 2015 年，省辖市具备开展土壤环境常规监测能力，配备土壤环境监管专职人员。

加强典型高风险污染场地修复。以大中城市周边、重污染工矿企业、集中污染治理设施周边、重金属污染防治重点区域、集中式饮用水源地周边、废弃物堆存场地等为重点，开展污染场地土壤综合治理与修复试点示范，确保土地转换用途后的安全利用，避免环境风险和社会纠纷。积极开展农田土壤修复与综合治理试点示范，建立不同地区、不同农产品产区优先控制污染物清单、食品安全评价和监控体系，形成农产品绿色供应链。到 2015 年，苏南地区全面开展土壤修复工作，苏中、苏北地区各省辖市完成 1~2 个土壤修复示范工程。各省辖市均要建成土壤污染防治工程技术中心。

强化农田生态系统休养生息，通过深耕深松、大力推广土壤改良、保护性耕作等技术，加深农田耕作层，消除土壤障碍因子，提高养分水分保蓄能力。通过增施有机肥料、秸秆还田等措施，提升土壤有机质含量，改造中低田，提高耕地土壤肥力水平和产出能力。同时鼓励有条件的地区实施农田轮作制，引导农民适度恢复绿肥种植。

4. 强化防治重金属、固体废物和辐射污染

加强对金属表面处理及热处理加工业、含铅蓄电池制造业、化学原料及化学品制造业、电子元器件制造业、重有色金属冶炼业等企业的监管，建立重金属污染防治体系、事故应急体系、环境与健康风险评估体系，全省重金属污染得到有效控制。加强危险废物产生和处置的单位规范化整治，合理规划建设全省危险废物处理处置设施，实现医疗废弃物安全处置覆盖所有乡镇，有条件的地区向村庄延伸。

三、打造生态宜居环境

全面开展村庄环境整治。把农村环境保护作为生态文明建设工程的重要阵地和工作重点，坚持以农村环境连片整治为抓手和突破口。规划布点村庄突出抓好“六整治”、“六提升”，重点整治生活垃圾、生活污水、乱堆乱放、工业污染、农业废弃物、河道沟塘；非规划布点村庄结合实际，突出“三整治、一保障”，重点整治生活垃圾、乱堆乱放、河道沟塘等环境卫生整治，基本完成农村无害化卫生户厕改造，有条件的地区实施无害化户厕和农村生活污水处理设施一体化建设。每年选取 20 个左右的县(市、区)作为示范片区，全面推进生活污水、垃圾、畜禽粪便等污染治理及河道整治，稳步改善农村环境质量。力争到 2015 年，全面完成全省自然村庄整治任务，规划布点的村

庄达到“康居乡村”标准，非规划布点的村庄达到“环境整洁村”标准。争取成为国家农村环境连片整治全覆盖省份，太湖一、二级保护区规划布点村庄连片整治全覆盖，农村环保工作实现“三清两化一长效”(清洁家园、清洁田园、清洁水源，村庄绿化、环境美化，环境管理长效)的目标。通过 3~5 年的努力，把江苏打造成全国农村环境综合整治示范区，彰显“自然山水美、田园风光美、乡村环境美”的生态品牌。

全面提升乡村绿色品质。结合农村环境综合整治，深入开展“千村示范、万村行动”的绿色村庄建设活动。充分利用现有自然条件，做到见缝插绿、应栽尽栽。因地制宜，把村旁、宅旁、路旁、水旁作为绿化重点，营造自然生态的田园风景，形成点线面相结合的村庄绿化格局。其中，苏南地区选用高大的乔木树种造林，以增加村庄整体绿化量；苏中地区增加种植常绿或半常绿树种，以实现村庄冬季增绿。大力推广应用乡土树种、珍贵树种造林，鼓励农户选择品种多样、季不相同的林果花卉、经济林木，大力开展并发展庭院绿化。到 2015 年全省规划布点村庄的绿化覆盖率，苏南平原地区达到 25%以上，苏南丘陵地区和苏中地区达到 30%以上，苏北地区达 35%以上。

提高农村生活垃圾处理水平。完善农村生活垃圾收转运系统，提高收集率和收运效率，扩大分类收集覆盖面，实施垃圾转运设施技术改造，做好除臭和污水处理，提高转运效能。加快农村生活垃圾无害化处理所需设施的建设与改造，积极推广垃圾焚烧等资源化利用先进技术。推进餐厨废弃物资源化利用和无害化处理，完善餐厨废弃物收运体系。生活垃圾填埋场、焚烧处理厂、餐厨垃圾处理厂必须全部安装污染物排放自动监控系统和超标报警装置，实施运营全过程的实时监控。对于已达到使用年限的生活垃圾填埋场和库区，实施规范化封场或中间覆盖处理，对于非正规的生活垃圾堆放点和不达标的简易填埋场开展综合整治。

加快农村污水处理系统建设。全省不同地区的农村污水处理系统的建设目标不尽相同，苏南地区意在提高污水集中处理设施运行效率，苏中、苏北地区加快农村污水处理系统建设的主要目的在于推进建制镇污水处理设施建设全覆盖。除此之外，还需加快污水处理设施配套收集管网建设和改造，提高污水管网覆盖率。大力推进农村生活污水处理设施和收集管网建设，提高已建污水处理设施的正常运行率。结合城镇污水处理厂新建、扩建或提标改造，推进尾水再生利用设施建设，苏南地区开展初期雨水污染治理和资源化利用，鼓励工业生产、园林绿化、道路保洁、车辆冲洗等积极推广使用再生水和雨水。建设大中型城镇生活污水处理厂污泥处理处置和综合利用设施，开展工业污水处理厂和企业污水处理设施产生污泥有害成分的检测与鉴定，并建设无害化处理设施。

推进农村工业污染防治工作。为了防止工业污染向农村大片地区转移，需要严格农村地区的环境准入条件。在清理整顿工业集中区的同时，加强农村地区工业集中区环评审批和环境管理，推进农村地区企业集中布局、集约发展；在清理整顿农村地区废旧物资回收网点的同时，建立废旧物资回收网络，强化回收企业的资质管理，取缔非法废旧物资回收拆解点。

加快农村环境基础设施建设。因地制宜地建设生活污水处理设施，不断提高覆盖率，重点在苏南地区规划布点村庄和苏中、苏北地区规模较大的规划布点村庄实施建设。加快建立和完善“组保洁、村收集、镇运转、县市集中处理”的生活垃圾城乡统筹处理体系，推进城乡生活垃圾无害化处理设施建设。同时，大力推进规模化养殖场、散养密集区固体废物和污水处理设施建设。力争到2015年，规模畜禽养殖场粪便无害化处理及资源化利用率达到85%。

加强农村环保机构建设。建设农村环保机构，明确环保队伍，创新环保体制机制，推进环境维护、环境监测、执法监管、污染减排、宣传教育等工作向农村延伸，全面提升农村的环保工作水平。

四、推进生态文化建设

1. 培育江苏特色生态文化

弘扬生态文明理念。紧密联系江苏生态文明建设的实际，加强理论研究，分析形势，总结经验，提升层次，在生态文明内涵、标准、路径、制度等方面形成一批高水平的理论成果，以理论创新引领生态文化的繁荣。形成的生态文化理论成果应以挖掘江苏地域文化中的生态特色为重点，同时需要与实践紧密结合，在实践中培育生态认知并提升为生态文化理论。把生态文明有关知识和课程纳入国民教育体系，编写富有地方特色的生态文明建设通俗教材，开发生态文化精品和经典文库，鼓励创作反映生态内涵的影视音乐作品、科普读物。加快建设并形成一批生态文化宣传教育基地，以绿色学校、绿色企业、绿色社区等为主体，使其成为传播、弘扬生态文化的重要阵地。保护和开发生态文化资源，在生态文化遗产丰富、保持较完整的区域，加快建设一批融合自然、人文和文化要素的生态文化实践基地，领会生态文化的内涵，提升生态价值。从社会公德、职业道德、家庭美德和个人品德等方面入手，制定全省生态文明建设道德规范，提高公民的生态道德素质，强化全民的节约意识、环保意识、生态意识，使珍惜资源、保护生态成为全省人民的主流价值观。鼓励举办生态文明讲坛和各种形式的学术研讨会，形成生态文明建设理论研究和经验交流平台。成立省级生态文明研究与促进会，每两年召开一次生态文明建设论坛，协助党委、政府深入推进生态文明建设。

丰富生态文化内涵。把弘扬传统生态文化与现代生态理念结合起来，紧密联系江苏生态文明建设的实践，丰富内涵，提升层次，与时俱进，开拓创新，形成具有时代特征、江苏特色的生态文化内涵体系。充分发掘江苏优秀传统文化中的生态内涵，汲取前人的生态智慧，把传统生态文化的思想精髓和合理内核发扬光大。大力倡导和树立以“尊重自然、保护自然，科学发展、和谐发展，当代公平、后代公平，全民参与、全球参与”的现代生态理念，并融入到社会主义核心价值观体系中加以推广和弘扬。把“环保优先”作为江苏省生态文化的鲜明导向，将生态文明的理念贯穿于“两个率先”的目标任务，纳入“三创三先”的江苏精神。

培育生态文化新载体。抢救性发掘和保护一批具有生态内涵的历史文化遗存，加强非物质文化遗产保护传承和开发利用，扶持建设一批非物质文化遗产保护示范基地和传承展示馆。加强历史街区、古民居、古村落以及历史文化名城名镇名村等文化遗产的保护与管理，实施重点文物资源抢救性保护工程。科学开展大运河(江苏段)沿线重点文物抢救性保护项目，维护传统文化的原生态环境。鼓励传统文化丰富区域创建省级文化生态保护区，支持申报国家级生态文化保护实验区。结合现代生态文明建设的最新成果，探索建设一批生态博物馆，展示地方特色的生态文化。发挥文艺作品在生态文化中的传播作用，以增加资金投入和政策倾斜力度等多种方式，结合组织评奖和采风等具体措施，鼓励文学、影视、戏剧、绘画、雕塑等多种艺术形式创作，将生态哲学、生态美学、生态伦理渗透到文艺作品中，推出一批能体现江苏特色和生态文明理念的优秀文艺作品，带动全社会生态文明意识的提升。

2. 加强生态文明宣传教育

打造生态文明宣传教育品牌。围绕生态文明建设的目标与任务，结合世界水日、地球日、环境日、海洋日、国际湿地日、生物多样性日、保护臭氧层日等重要主题节日，运用人民群众喜闻乐见的形式，以群众最关心、最直接的权益为切入点，广泛深入地开展主题鲜明的生态文明宣传教育活动。设立“江苏生态文明日”，强化全民生态环境保护的责任意识和危机意识，积极营造全社会共同参与生态文明建设的良好氛围。加强生态环保法制专题的宣传教育，不断提升全社会的生态环保法律意识。突出抓好“公众看环保”、“生态江苏在行动”和“生态文明号”、“生态文明使者评选”等一系列具有一定基础和影响的公益活动，进行精心地策划组织，扩大参与度，提升影响力，打造一批具有江苏特色的生态文明宣传教育品牌。

扩大生态文明宣传教育阵地。深入推进生态文明宣传教育进机关、进学校、进企业、进社区、进农村，努力扩大生态文明宣传教育的阵地和领域。将生态文明教育纳入各级党校、行政学院教学计划和党政干部培训体系中，公务员任职培训应当安排生态文明理念、知识、环保法律法规等方面的教育内容。各级各类学校编制生态文明教材或读本，将生态文明建设内容纳入教学计划，作为实施素质教育的重要内容，深入开展生态文明主题教育实践活动。对企业负责人开展生态环境法律和知识培训，切实落实企业环境保护的主体责任，提高企业生态意识、责任意识和自律意识。全省环境重点监控企业负责人每年至少要接受一次环境教育培训。开展企业员工环境教育，加强企业环保从业人员的业务培训，探索建立企业环保从业人员资格化管理制度。把生态文明宣传教育纳入科技、文化、卫生“三下乡”活动内容，促进生态文明理念向农村传播，建设一批生态文明宣传教育基地。

充分发挥各类媒体的宣传教育作用。全省各级党委机关报、广播电视台、政府门户网站开设生态文明建设专栏，及时发布环境质量信息，增加环保公益广告，普及生态文明知识，树立生态文明建设先进典型，曝光重大的环境违法和生态破坏事件，在生态文明宣传教育中充分发挥好带头和引领作用。利用环保政务微博、社交网络、手机短信平台等新媒体，不断创新生态文明的宣传教育形式。健全生态文明建设的新闻发布制度，建立和完善环境舆情研判和引导机制，构建新型、和谐的环境公共关系。

3. 倡导绿色消费方式

加快制定有利于绿色消费的激励政策，鼓励健康消费、适度消费，促进消费方式和生活方式转变，从而使全社会形成绿色消费的良好氛围。推行绿色采购制度，建立并完善激励购买无公害、绿色和有机产品的政策措施和服务体系。研究建立低碳绿色产品、绿色企业的评价标准和认证制度，建立健全绿色产品质量监督体系。设立地方标准，限制一次性产品生产销售和使用，限制过度包装。强化资源回收意识，推广建设社区跳蚤市场，引导居民交换使用二手物品。加快建设绿色公共交通体系，大力倡导居民绿色出行。

4. 强化生态文明共建共享

深入推进公众参与。加大生态文明宣传力度，拓展生态环境普法教育覆盖面，深入开展“生态江苏在行动”等群众性环保活动，倡导生态文明从我做起、从身边做起，争当建设生态文明的志愿者，形成生态文明建设人人可以参与、人人积极参与、人人共建共享的社会格局。支持民主党派、工青妇、社会团体开展生态文明公益活动，积极引导、培育和扶持环保社会组织健康有序发展，促进环保社会组织及社会公众依法、理性、有序参与生态环境保护。设立生态文明建设公众论坛，鼓励、引导环保志愿者扎实有效地推进环境保护和生态公益活动。完善环境信息公开、违法行为有奖举报等制度，及时公开建设项目环评信息，强制公开重污染行业企业环境信息，拓宽群众监督渠道，加强对生态环境违法行为的舆论监督，定期发布各地生态文明建设的定量化评价情况，推进生态文明建设决策的科学化与民主化。大力推广企业环境行为信息公开，建立环境行为诚信制度和环境监督员制度，实行有奖举报，鼓励检举揭发各种环境违法行为；建立政府部门与公众、企业有效沟通的协调机制，切实保障公众环境知情权、参与权和监督权。成立公众参与第三方咨询调查机构，搭建公众监督、参与生态文明建设的良好平台。积极发挥环保义务监督员、环保志愿者等民间力量的强大作用，正确引导社会组织积极参与生态文明建设。

积极开展各行业生态文明创建活动，培育不同层次的先行先试示范区。充分调动各部门、各行业在生态文明建设中的重要作用，扎实开展生态文明创建活动，巩固基础，提升水平。树立一批主动履行环保和社会责任、科技含量高、资源消耗低、环境污染少、产业发展与生态环境相协调的企业典范。积极开展国家级美丽乡村建设，建设“生产发展美、生活富裕美、生态环境美、乡风人文美”的美丽乡村。加快绿色细胞工程建设，积极推动绿色工厂、绿色社区、绿色学校、绿色医院、绿色饭店、绿色商店、绿色家庭等“细胞工程”建设，大力推进国家生态旅游示范区创建。开展生态文明先行示范区、循环低碳经济示范园区等创建活动。

全面提升区域生态文明建设水平。按照“苏南提升、苏中覆盖、苏北突破”的总体要求，努力夯实全省的生态文明创建基础，全面提升区域生态文化建设水平。启动省级生态文明示范系列创建活动，积极推进国家生态文明建设试点示范区工作。力争到 2017 年，苏南的全部市、县均成为国家生态文明建设试点，苏中 50%的市、县成为国家生态文明建设试点，苏北 20%的市、县成为国家生态文明建设试点，同时，努力将苏南地区打造成为国家生态文明建设示范群。

五、加强制度建设

推进生态文明建设，必须加快建立系统完整、操作可行的生态文明制度体系。需要把生态文明建设纳入制度化、法制化轨道，以刚性约束促进绿色发展、资源节约、环境保护，以体制创新推进全省生态文明示范区建设。

1. 强化法制建设，完善环境权益保障

健全法规体系。抓紧修订《江苏省环境保护条例》、《江苏省机动车排气污染防治条例》，出台《江苏省通榆河水污染防治条例》，研究制定大气污染防治、农村环境保护、土壤污染防治、耕地质量管理、自然保护区管理等地方性法规，加快制定南水北调(江苏段)水污染防治、城镇排水与污水处理、排污许可证管理、环境突发事件应对、环境监测管理、生态补偿、循环经济等政府规章或规范性文件，制定流域性、区域性的地方行业污染物排放标准，

及时清理与生态文明建设相冲突或不利于生态文明建设的地方性法规、规章和规范性文件。

强化执法监管。坚持对环境污染、破坏生态行为等采取“零容忍”措施，敢于铁腕执法、铁面问责，切实扭转违法成本低、守法成本高的状况，严格做到在生态环境保护问题上不越雷池一步。加大环保、节能、节水、海洋、林业、国土、水资源管理等方面的执法监督力度，加强部门联动配合，严厉打击浪费资源、污染环境、破坏生态的违法行为。深入开展整治违法排污企业、保障群众健康的环保专项行动，对重大违法案件实行挂牌督办，对环境问题较为突出的地区实施区域限批，积极营造良好的环境秩序。健全环境纠纷定期排查、领导带案下访、环保局局长接访等制度，维护社会和谐稳定。加快建设全省生态环境监控平台，使全省的环境要素更加齐全、技术设备更加先进、信息集成度更高，从而提高全省对生态环境的监测及预警能力。进一步加强环境监测、监察、宣教、信息、应急、核与辐射、固废管理标准化建设。完善环境应急四级预案管理体系，建立健全环境重点风险源数据库，基于风险类型的不同而有针对性地加强监管，逐步搬迁改造或关停并转位于环境敏感区的环境高风险企业，有效防范和遏制重大、特大污染事故的发生，加强危险化学品的运输管理。加强环保行政执法与刑事司法的有效衔接，强化行政机关与司法部门联动配合，构建环境污染违法犯罪情报信息共享平台，健全案件移送、信息通报等制度，推动生态环保案件专业化审理。完善环境问责及纠错、生态环境矛盾定期排查、重点环境问题后督察等制度，对环境违法行为严肃追究其相关责任。

强化环境权益保障。加强环境保护领域矛盾纠纷的调处工作，进一步畅通环保投诉渠道，及时处理环境污染事故和矛盾纠纷。建立健全环境纠纷排查报告、研判分析、信息交流、联动处置机制，在环境纠纷多发地区建立专业调解组织，及时有效地化解各类环境纠纷。建立和完善环境公益诉讼制度，开展环境保护案件集中化审判工作，将涉及环境保护领域的刑事、民事、行政类案件进行集中化审判，建立“三审合一”审判工作机制。加大环保法律援助工作力度，建立环保纠纷调解与法律援助对接机制，建立环保公益基金，用于对遭受侵害的环境进行修复和受害者的法律援助，引导和帮助群众通过法治渠道解决问题，切实维护好群众的合法环境权益。

2. 健全决策机制，提升绿色决策水平

创新绿色决策理念。把环境、资源等生态因素作为各级党委、政府重大决策时的重要评判依据。在重大事项和项目的决策过程中，优先考虑环境影响和生态效应。对涉及群众环境权益的重大事项，严格执行集体决策、社情民意反映、专家咨询、公示听证、环境评价、责任追究等制度。加强人大、政协对生态文明建设工作的监督，定期听取、审议地方政府生态文明建设工作报告。

完善绿色发展评价体系。坚持科学发展导向，完善发展成果考核评价体系，发挥“两个率先”和“八项工程”指标体系的导向监测激励作用，加大资源消耗、环境损害、生态效益、产能过剩、科技创新、安全生产、新增债务等指标的权重，更加重视劳动就业、居民收入、社会保障、人民健康状况。健全体现科学发展观要求的干部政绩考核体系，改进干部考核的方法手段，把生态文明指标和实绩作为全面小康、科学发展、基本实现现代化、市县党政主要领导干部实绩等考核的重要考核内容。制定推进生态文明建设工程指标体系和考核办法，开展江苏省绿色发展水平评估，定期发布评估报告。逐步推行绿色审计制度，加强对生态文明建设的政策法规执行、资金项目绩效、开发利用情况等方面的审计，提升绿色发展效率和水平。健全生态环境保护决策责任追究制度，对各地各部门实施生态文明建设工程情况进行督办，对造成严重后果的决策者实行终身追究责任。

3. 加强政策调控，有效激励生态文明

完善生态环境源头保护制度。对河湖、森林、山岭、滩涂、湿地等自然生态空间进行统一确权登记，形成归属清晰、权责明确、监管有效的自然资源资产产权制度。全面实施江苏省主体功能区规划，构建全省建设开发、农业生产和生态保护三大空间，优化国土空间布局和形态，落实用途管制。大力推进土地综合整治，促进农村集体建设用地集中布局。实行最严格的总量控制和管理制度，健全能源、水、土地、滩涂等的节约集约使用制度，从严控制土地开发强度，大力盘活存量建设用地，依法处置闲置土地，严格控制新增建设用地规模。严守生态红线，落实生态区域保护规划，实行分级分类管理和差别化的区域政策体系。建立资源环境承载能力监测预警机制，对水土资源、环境容量和海洋资源超载区域实行限制性措施。探索编制自然资源资产负债表，对领导干部实行自然资源资产离任审计。建立领导干部任期环境质量考核制度和生态环境损害责任终身追究制。

健全资源补偿和交易制度。积极开展节能量、碳排放权、排污权、水权等交易试点，深化主要污染物排污权有偿使用，完善排放指标有偿使用初始价格，支持苏州、泰州先行开展环境权益交易中心建设。制定《江苏省水环境区域补偿实施办法》，在太湖、通榆河流域试点的基础上，将政策扩大到全省，并按照“双向补偿”的原则，建立起覆盖全省主要流域的区域补偿制度。制定《江苏省生态补偿转移支付办法》，对生态红线保护区域给予生态补偿。进一步完善生态公益林补偿制度，全面建立地方森林效益补偿制度，逐步提高森林生态效益补偿标准。鼓励各地在辖区内开展多种形式的生态补偿工作，积极探索市场化的生态补偿机制，扩大生态补偿范围，对基本农田、“菜篮子”基地等重要的农产品生产基地，制定相应的保护规划和调整规划，并对地方政府给予农业生态保护补偿，研究落实相关财税政策，鼓励农业废弃物综合利用、生态修复和清洁生产。

制定生态文明建设激励政策。鼓励地方制定产业绿色发展与转型政策，重点支持重污染企业退出、受污染场地修复、老旧机动车淘汰、非电行业脱硫脱硝设施运行等工作。实行清洁能源优惠政策，对清洁能源供应、使用价格等方面给予政策优惠，并对使用单位给予适当补贴。对分布式能源发电、清洁能源发电、可再生能源发电、余热发电和垃圾焚烧发电实行优先上网和补贴政策。对中水回用、雨水利用等非常规水资源的利用进行补贴，对污水(污泥、油污水、再生水、初期雨水)处理设施建设项目实行减半征收有关行政事业性收费等扶持政策。建立生物多样性保护政策，对自然保护区、湿地公园、森林公园建设、生物多样性监测网络建设、野生物种的抢救与保护、生物资源的原生境保护、生物遗传资源人工繁育基地建设等予以支持。将土壤重金属污染防治作为全省生态环境投入重点之一。健全绿色信贷体系，全面推行企业环境行为评级制度，实施有差别的信贷政策，在同等条件下，对节能减排显著地区的企业和项目可优先给予授信支持，对列入黑名单的企业和区域(流域)限批的地区，从严控制授信。探索开展银行业金融机构绿色信贷实施情况评价工作，探索将绿色信贷实施成效纳入银行机构的监管评级。推进涉及重金属污染物生产、排放和危险化学品生产、贮存、运输等企业开展环境污染强制责任保险试点，鼓励其他排污企业参加环境污染责任保险，开展政府投保环境巨灾保险试点，建立健全环境风险防范和污染事故理赔机制。

建立多元化投入机制。资金投入是生态文明建设的必要支撑，为了实现全省生态文明建设的稳步推进，需加大生态文明建设投入力度，拓宽投入渠道，建立“政府引导、市场运作、社会参与”的多元化投入机制。各级政府将生态文明建设列为公共财政支出重点，切实加大投入，确保公共财政每年用于环境保护和生态建设支出的增幅高于经济增长速度和财政支出增长幅度。按照专项资金性质不变、安排渠道不变、监督管理不变的原则，将现有省级有关生态文明建设的相关专项资金整合使用，集中解决大气、水、土壤污染等环境保护突出问题。积极利用市场机制，强化“排污者付费、治污者受益”的利益导向，支持符合条件的民间资本参与生态文明建设。引导各类创业投资企业、股权投资企业、社会捐赠资金和国际援助资金增加对生态文明建设领域的投入。

加大环境资源税费改革。通过税费手段来提高环境污染成本、降低环境污染排放量，有助于推动全省的生态文明建设。具体的资源环境税费改革措施可从以下几个方面进行探索：开展资源税、环境友好型企业税收优惠政策、“高污染、高环境风险”产品出口退税等专项研究，积极争取江苏进行环境税试点和国家对全省生态文明建设的税收政策支持；实行差别化排污收费政策，适当提高污染物排污收费标准和重污染行业污水处理费征收标准；全省各市县制定农村环境基础设施运营经费保障机制，研究建立农村垃圾处理多渠道经费补偿机制，在农村集镇试行垃圾处理收费制度，对城乡统筹区域供水、垃圾处理、污水处理等农村环境基础设施的运营给予政策支持。

第二篇　江苏农村生态文明发展分报告

第六章　苏南区域农村生态文明发展分析

一、苏南区域农村社会经济发展状况

苏南地区地处中国东南沿海长江三角洲中心地段，东靠上海，西连安徽，南接浙江，东北依长江(苏中，苏北)、东海。苏南地区的地势，东部和中部总体上极为低平，为坦荡的太湖平原，太湖周围偶尔分布一些孤丘，苏南地区大部分地方河道纵横，尤其以东部太湖平原的河网最为密集。苏南地区拥有众多湖泊，包括太湖、澄湖、滆湖等。太湖是中国第三大淡水湖。苏南地区自古以来就是名闻天下的“鱼米之乡”、“人间天堂”，也是我国近代民族工业的重要发祥地。

苏南包括南京、无锡、常州、苏州和镇江五市，属于长三角的核心区域，是以上海为龙头的长三角城市群的核心组成部分。苏南区域面积 27 921km^2，常住人口 3 301.71 万人，人口密度 1 183 人/ km^2，地区生产总值 33 381.66 亿元，人均地区生产总值 101 370 元，农村居民人均纯收入 17 160 元。苏南地区作为我国产业发展基础最好的地区之一，高度重视产业转型升级，推动新兴产业跨越发展、现代服务业加速发展和传统产业提升发展，基本形成了现代产业体系的雏形，成为具有全球影响力的制造基地，在全国率先进入工业化后期，综合竞争力不断增强。县域经济发达，区内 14 个县(市)中有 12 个县(市)进入全国百强县，其中 6 个县位列前十。苏南模式不断创新，21 世纪以来，苏南地区积极推进以创新型经济为核心的第三次转型，2012 年第三产业生产总值达到 15 416.80 亿元，占苏南地区生产总值的 46.2%，而第一产业所

占地区生产总值仅为2.3%。苏南模式不断注入新的内涵，使其继续保持发展的动力和活力，成为我国推进现代化建设的高地。

二、苏南农村生态文明建设

1. 苏南农村生态文明建设整体情况

近几年，苏南农村环境整治不断深入，人居环境不断改善，生态文明建设成效显著。苏南地区坚持经济建设和生态文明并重，实行严格的环境保护制度，在经济快速发展过程中实现了环境质量的总体稳定，可持续发展能力不断增强。积极推进生态创建，拥有国家级生态市(县、区)17个、生态乡镇176个、生态村32个、生态工业示范园区7个。

2. 苏南农村生态文明建设问卷调查分析

为了深入了解苏南农村生态文明的建设情况，课题小组进行了实地问卷调查，选择昆山市、太仓市和常熟市为调查地点，调查的时间为2013年8月，调查员以三人为一组，以有受访意愿的居民为对象进行问卷调查。

在问卷设计上由四部分内容构成，第一部分是对农户及所在村的基本情况进行了解；第二部分是农户对生态文明的了解情况以及对农村生态文明建设的看法；第三部分是农村生态安全方面的内容，涉及农业生产、生态文化以及人居环境方面的内容；最后一部分是关于农村生态环境建设方面的内容，主要调查农业环境污染、农村生活污染、乡镇工业污染以及农村生态环境整治及相关政策的内容。

本次调研共计发放调查问卷298份，回收后扣除漏答及无效问卷后，剩余有效问卷265份。以下针对回收的有效样本的几个方面进行统计分析。

1) 受访者个人背景资料

调查发现在265份有效样本中，女性有209人(占79%)，男性有56人(占

21%)，比例上相差较大；年龄层分布以大于 50 岁最多(占 58%)，30 岁以下最少(占 4%)；在受访者家中的共同生活人数以五人最多(占 40%)；在教育程度方面，受初中教育的人数最多，有 79 人(占 30%)，其次是小学程度的农民(占 23%)；受访者从事的工作中，农业兼业户人数最多，有 45 人(占 17%)；在家庭总收入方面以 5 万~10 万元最多(占 63%)，其次是大于 10 万元的(占 21%)，小于 5 万元的最少(占 16%)。

从调查资料来看，可以得到受访者的几个背景特征：第一，受访者大多为男性，年龄大多分布在 50 岁以上，调查显示年轻力壮的男性或女性大多选择外出打工，留在农村的大多为老人；第二，受访者家中共同生活人数以五人最为普遍，说明推行多年的计划生育政策在农村取得很大成效，家庭结构多为两个老人、一对夫妻和一个小孩；第三，受访者大多为初中和小学教育程度，这反映农村人口可能刚刚脱盲，中高等教育人口不多，此外还有一种解释，受访者的年龄偏高，由于时代的原因，受教育程度不高，即为受过中高等教育的中年或青年人外出求学或打工，因此留在农村的人受教育程度不高；第四，从家庭总收入来看，苏南农村地区农民的生活水平比较高，生活比较富裕，兼业化程度比较高。

2) 受访者对农村生态文明建设的看法

从问卷统计的结果来看，有 78%的人听说过农村生态文明建设的相关内容，其中只有 30%的人对这方面了解得比较多，大多数人只是知道一点。获取生态文明相关信息的途径主要是报纸、电视、网络、广播以及从村干部处得到信息等。其中，通过看电视获取信息的比例最大，占到 39%。被调查的农户中认为农村生态文明建设主要靠当地政府的占 70%，主要靠村干部的占 16%，而认为主要依靠农村能人、依靠家族团体的比例较小。对于是否愿意参与农村生态文明建设的问题，84%的农户表示愿意，所占的人数比较多。认为农村生态文明建设完全由政府出资的占 44%，认为政府出一部分钱、农民出一部分钱的占23%，认为政府出钱、农民出工的占30%，认为由农民出钱的占1%。对于农村生态文明建设人们最关注人居环境建设的占44%，所占比例最大，最关注生态环境建设的占28%，最关注生态产业发展的占20%，最关注生态文化发展的有20人，占8%。

通过分析问卷的结果可得出：苏南农村地区，大多数农民听说过生态文明建设，但是了解得不深入，主要通过电视、广播和网络获取信息，这也从侧面反映出苏南农村经济发展好，农民的收入水平高；对于生态文明的建设方面，大多数人认为要靠当地政府且主要靠政府出资建设，但是农民也很愿意加入到生态文明的建设中，说明苏南农村地区农民的自觉性较高，政府的工作比较容易开展。在农村生态文明的内容中，农民最关心的是人居环境和生态环境的建设情况，而对于生态产业和生态文化方面关注较少。

3) 农业面源污染调查结果分析

从问卷统计的结果来看，在调查的农户中有12%认为农业面源污染的危害非常大，34%的农户认为农业面源污染的危害程度较大，37%的农户认为其危害较小，而17%的农户认为农业面源污染无危害。对于农业面源污染是否与施用化肥有关，有58%的农户认为有关，且关系较大，有22%的农户表示无关，20%的农户不知道两者之间是否有关。对于本村农业面源污染治理总体感知，有20%的农户对本村的农业面源污染治理很不满意或者是不太满意，大多数人表示比较满意或者一般。对于农业面源污染的治理有待改进方面，94%的农户认为有农业清洁生产、农业结构优化、农用地布局优化、政府与农户协同治理，6%的农户认为是生态补偿。

通过分析问卷的统计结果可以看出，在苏南农村地区，对于农业面源污染的危害性和主要的来源途径，农民都有一定的认知，但是还是存在一部分农民不了解农业面源污染的相关知识，不清楚自己本身的农业生产行为会带来农业面源污染。在苏南农村地区，对于农业面源污染的治理，政府重视，治理的成效明显，农民对此也很满意。对于有待改进的地方，农民普遍认为是农业清洁生产、农业结构优化等，只有 6%的农户认为是生态补偿。这结果与现实情况不一致，经过分析得出，农户对于生态补偿相关内容不了解，导致不选该选项的人比较多，实际情况是生态补偿的制度还不是很完善，但是对于农业面源污染的治理是一种有效的方案，政府及有关部门在不断地改进。

4) 农村生活污染调查结果分析

从问卷统计的结果来看，对于生活垃圾污染主要引起的危害，有 26%的人认为会危害人的身体健康，23%的人认为露天堆放会占用土地，48%的人认为会污染河水、地下水以及空气，3%的人表示不清楚。基本上每个村都有生活垃圾箱安置点，其维护情况是：90%是村里统一建设、统一收集清运，9%是村里统一建设、村民自管，1%是村民自建自管。对于垃圾处理的方式，16%的农户扔到路边或沟道里或家门外空地，2%的农户扔到地里，9%的农户扔到垃圾池(桶)自己处理，73%农户扔到垃圾池(桶)并由专人收集清运。对于本村的生活垃圾处理总体情况，25%的农户认为非常满意，64%的农户认为比较满意，11%的人认为一般。同样，对于生活污水的处理情况，20%的农户非常满意，56%的农户比较满意，20%的农户认为一般。对于日常生活中产生的洗衣、洗菜、冲厕等生活污水对环境的影响程度，39%的农户认为其危害严重，51%的农户认为危害不大，9%的农户对此没有概念。对于生活污水是否有必要收集处理，80%的农户认为有必要，应政府出钱，16%的农户也认为有必要，但应集体出钱，4%的农户认为没有必要，浪费钱。

通过分析问卷的统计结果可以得出，在苏南农村地区，农民对于生活垃圾污染主要会产生的危害有一定的了解，知道除了会影响农村的生态环境，对自己的身体健康也会产生不利的影响；苏南地区在村庄整治方面也取得了一定的成效，每个村都设有垃圾箱，村里统一建设统一收集清运，农户的环保意识也比较强，大多数人能够自觉将垃圾扔进垃圾箱；对于农村生活垃圾的处理总体情况，绝大多数农户表示满意，苏南农村环境确实在不断改善中；对于生活污水所带来的环境污染，农户普遍意识不高，一半以上的人认为危害不大，但是 96%的农户认为有必要收集处理，由政府或集体出钱，说明苏南农村地区环境整治方面还有一定的上升空间，污水的处理是很重要的方面。

5) 人居环境建设农户满意度调查

对项目满意情况进行调查，收集农户对人居环境建设各项目的评价，具体情况见表 6-1。

表 6-1　项目满意情况评价

	非常满意 (5 分)	比较满意 (4 分)	一般 (3 分)	不太满意 (2 分)	很不满意 (1 分)
农宅改厕	2.2	1.52	0.42	0.04	0.02
农宅外墙整修	2.15	1.56	0.45	0.04	0.01
庭院环境整治	2.05	1.76	0.36	0.02	0.02
公共绿化	2.05	1.64	0.42	0.04	0.02
河道疏浚	2.1	1.56	0.45	0.04	0.02
道路改造	2.3	1.52	0.39	0.02	0.02
桥梁修缮	2.15	1.64	0.39	0.04	0.01
给水设施改造	2.2	1.6	0.42	0.02	0.01
排水设施改造	2.05	1.64	0.45	0.02	0.02
公厕改造	2.1	1.72	0.36	0.04	0.01
集体用房建设	2.15	1.48	0.48	0.06	0.01
路灯安装	2.1	1.56	0.42	0.08	0.01
公共活动场所	2	1.64	0.39	0.08	0.02

根据被调查农户对人居环境建设每一个项目的满意程度评价及所对应的分值，计算每一个项目的得分情况，满意度分值计算公式如下：

$$p_i = \sum_{j=1}^{k} X_j Y_{ij} \quad (i=1,2,\cdots,n；\ j=1,2,\cdots,m) \tag{6-1}$$

式中，p_i 表示被调查农户对第 i 个指标的满意度，X_j 表示满意程度等级为 j 时对应的分值，Y_{ij} 表示第 i 项指标的满意程度为 j 级时的被调查农户占总调查农户的比例。

根据公式(6-1)计算,得到人居环境建设各项指标满意度评价结果(表 6-2)。

表 6-2　指标满意度及排序

	满意度分值	排序
农宅改厕	4.20	4
农宅外墙整修	4.21	3
庭院环境整治	4.21	3
公共绿化	4.17	6
河道疏浚	4.17	6
道路改造	4.25	1
桥梁修缮	4.23	2
给水设施改造	4.25	1
排水设施改造	4.18	5
公厕改造	4.23	2
集体用房建设	4.18	5
路灯安装	4.17	6
公共活动场所	4.13	7

表 6-2 反映了苏南农村地区给水设施改造、道路改造、桥梁修缮、农宅外墙整修、庭院环境整治、农宅改厕指标满意度分值高于满意度平均水平，说明这些指标达到了农户的期望，农户认可度较高。排水设施改造、集体用房建设、河道疏浚、路灯安装、公共绿化、公共活动场所指标满意度分值低于满意度平均水平，说明这些指标与农户的期望还有一定的差距，需要对其进一步改进，不断提高农民的满意度水平。

6) 农村生态环境整治及相关政策调查结果分析

从问卷分析的统计结果来看，关于当前制约农村生态环境综合治理存在的主要问题方面，31%的人认为是资金投入不足，20%的人认为是管理体制机制不健全，19%的人认为是农民传统生活习惯不好，18%的人认为是农村环境保护教育不深入，12%的人认为是缺乏专门的农村环保人才和缺乏低廉的治理技术；对于“以奖促治”的农村环境村容整洁政策，不太了解的占 56%，比较了解的占 26%，一般了解的占 18%；在农村生态环境综合治理过程中，觉得主要责任由政府承担为主的占 55%，全部由政府承担的占 26%，以农民为主的占 9%。

通过分析问卷的统计结果可以得出，在苏南农村地区，农村生态环境的综合整治资金投入不足是一个重要方面，但是农民的意识也在不断转变，认为只有资金的投入是不行的，还要相关的管理体制的完善，治理技术的推广以及农民自身环保意识的提高；在农村环境保护的政策方面，一半以上的人对环境保护的优惠政策不是很了解，例如“以奖促治”，说明政府部门在农村地区的环保宣传方面还有待提高；在农村环境整治的责任方面，绝大多数农民觉得要以政府为主，或完全由政府来承担，说明农民自身的责任意识要加强，农村的环境整治工作要靠政府来推动实施，但是农民自身也要有责任意识，因为农村环境整治受益的是农民。

三、苏南农村生态文明发展路径

1. 农业面源污染防治对策

加强面源污染来源识别，分类治理农田化肥、畜禽养殖污染，按照种植物主要类别推广测土配方施肥技术，开展规模养殖场畜禽粪便资源化利用。

1) 化肥污染防治

苏南近几年在化肥施用方面呈现化肥贡献率逐年下降的趋势，而化肥对土壤及水体的污染呈逐年上升的趋势，不科学、不合理的使用既造成氮肥资源的浪费，又污染了生态环境，因此，科学施肥、防治污染亟待加强。为缓解化肥污染要做到以下几个方面。

第一，推广品种结构优化技术。大力推广作物专用肥、有机无机复合肥等新型肥料，发展绿肥种植，提倡使用有机肥，减少化肥使用，使氮肥、磷肥、钾肥的用量按生态农业氮磷钾的投入比例进行使用，最大限度地提高化肥利用效率。

第二，推广化肥增效技术。施用集成型化肥增效剂，可延缓氮肥的转化和损失，并且提高作物对氮肥的吸收利用，可减少 10%~20%的氮肥用量。

第三，推广肥料的精准化技术。包括品种、用量、营养元素和施肥技术的精准化，做到肥料减量、定性、定量化使用。

第四，选择合适的施肥时间及科学的施肥方法。选择合适的施肥时间，使作物的需肥高峰与供肥高峰相互衔接，充分发挥肥效；采用科学的施肥方法，坚持深层施肥。

2) 农药污染防治

随着农业面源污染的加剧及市场对有机食品、绿色食品和无公害食品的需求越来越迫切，农药污染的控制亟须从以下几个方面着手。

第一，普及农药和农药使用知识，引导农民合理安全使用农药。严格遵守施药安全间隔期，适时、适量用药，做到科学合理安全地使用农药，充分发挥药效，减少用药量，确保产品农药残留符合标准。

第二，综合应用生物、化学、物理、设施等方法进行防治，减少农药施用量和缩小范围。使用生物农药、利用天敌等防治方法，安全用药、合理混用和交替使用农药的化学防治方法，人工捕杀、灯光诱杀、糖浆、人工除草和机械除草等的物理防治方法。蔬菜上推广遮阳网、防虫网并推广大钵育苗提高单株个体的抗性等设施防治方法，以达到经济、安全、有效地控制病虫害，减少农药污染，保护农业生态环境。

第三，积极推广使用高效、低毒、低残留、易降解、无公害的新型农药，取代高毒、高残留、低(中)效、污染大的农药，这种举措不仅是农药开发及使用的发展方向，也是农业生态环境保护的需要。

第四，施用农药降解菌。在土壤和蔬菜等作物上施用农药降解菌，可促进土壤中及残留在作物上的农药降解。同时，增施有机肥也可有效提高土壤农药等有害物质的自净功能。

第五，增设病虫害测报站，加强病虫害准确预测预报的能力。

3) 农膜污染防治

随着社会经济的发展，农膜的使用日趋增加，农膜污染已引起人们的广泛关注。农膜污染对环境和作物产量产生的危害制约了太湖流域农业的可持续发展，因此，防治农膜污染已经是一项十分紧迫而又有重要意义的工作。对农膜污染预控除了从技术方面革新之外，还要从政策、环保知识等方面对农民加大宣传，让他们知道保护生态环境的重要性。

第一，加强宣传教育。防治农膜污染是一个系统工程，需要各部门、各行业和广大农民群众的共同努力、支持和参与。要大力开展宣传教育，提高各级领导和农民群众对农膜污染危害的长远性、严重性、恢复困难性的认识，提高回收农膜的自觉性。

第二，加快制定有关回收残膜的经济政策。要制定一些优惠政策以鼓励回收、加工、利用废旧农膜的企业的发展，要调动他们的积极性。为了不增加政府负担，同时体现“谁污染、谁治理”的原则，应要求农膜销售部门和农膜消费者自行回收利用。不能自行回收利用的企业或个人要交纳回收处理费，用于对回收利用者的补偿。

第三，推广可降解农膜。可降解农膜主要有以下三类：光降解、生物降解和光-生物降解。农膜的光降解受地理、气候制约大，很难达到较准的时空性，且不完全降解，因此应完善光降解类型，提高技术指标。农膜的生物降解指聚合物残膜在土壤微生物作用下发生降解及同化。日本、德国、瑞士等国家使用天然生物降解物质，如把土豆或玉米淀粉加到聚乙烯中(有些还可配入少量的金属化合物，起催化作用)。农膜的光-生物降解指在农膜中加入淀粉和生物降解剂等，残膜在光降解后可继续被天然存在的微生物作用变成低分子化合物、水和二氧化碳。政府应该制定一系列优惠政策鼓励对可降解农膜的研制与生产，要制定必要的农田残膜留量标准和残膜留量超标收费标准，使农田农膜污染早日纳入法制管理轨道。

第四，大力推广适期揭膜技术。所谓适期揭膜技术是指把作物收获后揭膜改变为收获前揭膜，筛选作物的最佳揭膜期。适期揭膜技术可缩短覆膜时间 60~90 天，所以农膜仍保持较好的韧性，容易回收，一般回收率达到 95%以上。基本上消除农田土壤的残膜污染，保护农田生态环境。适期揭膜技术有利于作物根系发育和增强土壤的透气性，利于植物水分的吸收，不但能提高农膜回收率，节省回收农膜用工，而且还能使作物增产，基本达到“农业增效、农民增收”的目的。因此，要大力推广适期揭膜技术，促进农业生产的发展。

4) 畜禽养殖业废弃物污染防治对策

随着苏南地区农村经济结构的进一步调整，畜禽养殖业将得到继续发展。如果不加强对其的综合管理和整治，由此引起的生态环境问题将阻碍苏南地区畜禽养殖业的可持续发展。因而，在畜牧业发展过程中，适度调整畜牧业生产结构和布局，消除畜牧公害、防治畜牧污染以及合理利用畜禽废弃物等，应当引起社会多方面的重视和关注。可从以下几个方面对畜禽养殖业进行防治。

第一，广泛宣传，提高认识。要加强宣传力度，利用各种媒体，多层次、多渠道开展宣传教育，提高养殖业主对畜禽养殖污染防治工作相关政策法律法规的知悉度和对污染防治重要性的认识。同时，各相关部门要加强培训和指导工作，提高养殖业主管理水平和环保意识。

第二，科学规划，统一管理。按照城市发展要求以及市场需求情况，充分考虑生态环境容量，合理规划养殖业发展的空间布局，将畜禽养殖区域划分为禁止养殖区、控制养殖区和适度养殖区，同时对农田环境容量进行测算，严格控制养殖规模，制订畜禽养殖业发展规划，建立与环境相协调的生态畜禽养殖格局。对不够规模的养殖业户和特种养殖业产也要纳入环境管理范围，及时掌握其养殖的情况。

第三，增加资金投入力度，建立专项资金。按照畜牧业发展的现状和污染的严重程度，列出专项资金用于畜禽养殖业污染防治工作，保证治污资金要专款专用，同时采取政策引导、金融扶持、项目试点、政府适当补贴等方式，建立多渠道资金投入机制。

第四，加强对养殖小区的建设和管理，大力发展生态养殖。加强对养殖小区的建设和管理，推动畜禽养殖由粗放型向集约型转变，遵循"资源化、减量化、无害化、生态化"的原则，加强畜禽粪便综合治理，因地制宜采用生产沼气、有机肥等多种技术对畜禽粪便进行处理，提高畜禽养殖废弃物资源化的利用水平。以引导有机、绿色农副产品消费为手段，推进种植业和养殖业合理布局，逐步建立和完善农业产业结构的可持续循环生态链，实现生态养殖。

第五，严格执法，科学管理。在认真贯彻执行国家环境保护总局发布的《畜禽养殖污染防治管理办法》和《畜禽养殖业污染物排放标准》的基础上，结合本地实际制定地方性管理规定，以利于对小规模养殖业户进行管理，同时严格执行"环评"和"三同时"制度。要把工作重点从单纯治理转移到治理与监督管理并重，强化畜禽养殖场的科学化环境管理，加强畜禽污水排放监测，督促其完成治理任务，对不采取治理措施或污染物排放不达标的，要依法予以关停或处以罚款，以确保污染治理工作稳步推进，减少因畜禽养殖污染而导致的环境信访矛盾、纠纷的发生。

2. 农村生活污染防治

做好村镇生活污染的控制与管理工作，是实现村镇环境改善及苏南地区水源保护的双赢举措。对非点源污染的控制与管理一般包括两个方面：一是对污染源的控制，即从源头上将非点源污染物的排放控制在最低限度；二是对污染物扩散途径的控制，即通过研究污染的扩散机理，改变或切断污染物的传播途径，从而减少污染物排入地下或地表水体的数量。两者中源头控制是控制非点源污染最有效的方法。因而，源头控制才是村镇生活污染控制的根本举措。

1) 大力推广节水型生态卫生厕所

苏南地区主要以水冲厕所为主，但无厕所和拥有简易厕所的农户还占一定的比例，这严重影响了居民们的生活质量。因此，应积极改造对环境污染较大的浅坑旱厕，选用节水型的生态卫生厕所，有效解决人粪尿的回收利用。资料表明，非水冲粪尿分集式生态卫生厕所或循环水型生态厕所，具有粪便可就地无害化处理、防蝇、无臭、不污染外环境、节水、可回收尿肥、粪肥、适用范围广等优点，尤其针对苏南农村地区生活污水产排量大等问题，使用非水冲粪尿分集式生态卫生厕所可以大量地节约水资源。而对于人口集中、耕地较少的农村小城镇，在建设中则可考虑循环水型生态厕所。

2) 推行生活垃圾资源化、减量化、无害化处理

对垃圾的管理注意分选及就地资源化、减量化、无害化处理，防止异地转移，并做到及时尤其是雨季前的清理。经计算得知，苏南地区人均垃圾排放量较低，约为 0.309kg/d，因而可实现就地资源化、减量化、无害化处理，推广与人畜禽粪尿一同处理的堆肥技术，对于无机物进行分选回收利用。在管理中如没有条件新建垃圾池，则应提高垃圾清理的频率，避免乱堆乱放。如遇雨季，垃圾的渗出液则会严重污染水体。在本区要实现村民各户的垃圾分选，基于村民的环保意识及环保态度是不可能实现的，因而，最佳的方案就是对村里的垃圾清运工进行上岗培训，传授生活垃圾的分类处理与资源化

利用技术。

3) 削减村镇地表径流

村镇地表污染物来源，除自然降尘外，与村镇卫生状况有密切关系，尤其是村镇街道的清扫和垃圾的及时清理，垃圾清运工应获得专门的培训，科学地清理及处置垃圾，而不是简单地运出村外堆放。合理布局各村镇的垃圾池(桶)的数量，防止垃圾外溢、堆放沟河中，各户厕所也应做到及时清理。上述工作尤其是雨季来临前的清理(扫)更为重要。对于难以避免的村镇污染物流失，则应视其为非点源污染源加以控制，利用生态工程措施控制非点源污染是目前采取的一个有效手段。许多研究表明，在农田与水体之间建立合理的草地或林地过滤带，将会大大减少水体中的氮磷含量。

4) 教育引导，强化责任

由于各级领导重视不够、合力不足，环保宣传教育还没有真正深入到农村，一些干部、群众的环境意识不高，环境法制观念和依法维权意识不强，对农村生活垃圾污染的环境危害认识不足，日常生产、生活行为缺乏必要的环境知识作指导。因此，既要提高领导干部的素质，又要提高广大农民群众的素质。改变传统的政绩观念，就要树立经济发展是政绩，环境保护同样是政绩的理念，将环境保护和经济发展列入干部考核体系之中，放在同样的地位加以重视。对环境污染严重的地区，可以采取“一票否决制”原则，使领导干部真正从思想和行动上重视起来。同时，各级政府和有关部门要加强环保工作宣传力度和强度，动员广大农民群众自觉地参与新农村环境保护工作，引导农民群众关注、理解与支持环保工作，提升农村整体环境质量。

5) 加大投入，完善设施

农村环境既要从思想上重视，更重要的是行动上要落实，而落实的首要问题和根本问题是环保资金投入和环境设施建设。就资金投入而言，因为绝大多数乡镇的财政债务很重，上级政府无疑要承担更多的责任。特别是环保设施建设的问题，要加快建设垃圾场运转和处理的相关设施，尽量就地解决，不使污染源扩大，更重要的是从根源上治理，不能只顾眼前，不顾长远，否则贻害无穷。

3. 农村工业污染防治

1) 关注生态环境污染问题，合理引进企业

对于污染严重的企业，要慎重引进；对于已引进的污染严重的企业，要迅速采取措施，大力解决由其带来的严重的生态环境问题，并要求对其设备等进行改进。要加强企业的生产技术改造，对一批排污过滤设施不达标的企业，要坚决开展限期整顿，确保生产过程无污染，废弃物排放无害化，对招商引资过程中出现的对生态环境有明显破坏影响的项目，要坚决予以否决，决不能因一时的经济利益损害农村的生态环境。

2) 合理布局，引导农村非农产业向城镇集聚，提高集约化和规模效益

苏南乡镇企业从体制上进行了较全面的改造，活力得到了不断提升，但其分散布局的空间格局还没有得到明显改变，形成了“大分散，小集中”的“苏南模式”乡镇企业的布局特征，通过引导非农产业的集聚，有助于规模效益的形成。

3) 推进农村工业产业结构优化，推动农业现代化

苏南地区正处于农村工业化、农业现代化趋向成熟的时期，农村地区由于大量人口离开正面临日益突出的空心化问题，有针对性地进行产业结构优化显得尤为必要，以农业产业化为动力实现农地规模化经营，推动农业现代化。

4) 加强监督，完善环境保护法律体系

根据苏南各地各镇、村工业企业的生产实际状况，抓好源头治理，注意抓住重点，加强企业排污监督，对重点对象企业要开展排放废弃物的执法监督和社会监督，定期开展抽样检测，确保环境安全，使农村工业的经济增长从环境换取增长转向环境优化增长。

推动生态经济发展，开展重金属土壤污染修复，严格控制污染源，加强客土、换土、翻土和去表层土，开展微生物治理和植物修复；建立重金属污染防治体系、事故应急体系、环境与健康风险评估体系等也是苏南农村地区防治工业污染的有效途径。

第七章　苏中区域农村生态文明发展分析

一、苏中区域农村社会经济发展状况

苏中为江苏省中部地区的简称，位于北纬 31°41′至 33°25′，东经 119°01′至 121°55′，地处长江三角洲平原地区，东临浩瀚黄海，南临万里长江，西与天长(安徽省)、南京、淮安交界，北与淮安市、盐城市相连。苏中地区地理位置优越，水陆交通便利，有利于经济开发，大运河贯穿南北，水陆交通便利。苏中是长江三角洲的组成部分之一，地形除西部地区有零星山丘分布，其他地区全属平原。苏中地区具有丰富的石油资源和矿产资源，对资源短缺的江苏和华东地区具有重要的开采价值。

2012 年年末苏中地区常住人口 1 639.43 万人，土地总面积 20 379km^2，人口密度 804 人/km^2，包括扬州、泰州、南通 3 个省辖市，共 20 个县(市、区)。苏中 3 个市均在长江沿岸，且皆是长三角16 个中心城市之一，也是上海都市圈(长三角)的重要组成部分。苏中地区 2012 年地区生产总值为 10 193.55 亿元，人均地区生产总值 62 208 元，农村居民人均纯收入 12 877 元，进出口总额 468.41 亿美元，第一产业 716.03 亿元，苏中地区农业以粮食、棉花、油料、花生、猪禽、水产品等为主，是全国重要的商品粮、商品棉基地。

二、苏中农村生态文明建设

1. 苏中农村生态文明建设整体情况

苏中村庄环境整治已经取得很好的效果，深受群众欢迎。但也要看到，一些地区河网密布，有的村庄交通不便，比较偏僻，加上镇村集体经济比较薄弱，环境综合整治的任务还比较重。

苏中更大力度建设生态文明，需要机制上的配套跟进，要加快完善建设生态文明的长效机制。把资源消耗、环境损害、生态效益纳入经济社会发展评价体系，建立体现生态文明要求的目标体系、考核办法、奖惩机制，进一步深化资源环境价格改革，进一步加快建立多元化的环保投入机制，进一步完善环境管理和执法机制，以天更蓝、地更绿、水更清的良好成果来诠释苏中崛起。

2. 苏中农村生态文明建设问卷调查分析

为了深入了解苏中地区农村生态文明的建设情况，课题小组进行了实地问卷调查，选择扬州、泰州两市为调查地点，调查的时间为 2013 年 8 月，调查员以三人为一组，以有受访意愿的居民为对象进行问卷调查。

在问卷设计上由四部分内容构成，第一部分是对农户及所在村的基本情况进行了解；第二部分是农户对生态文明的了解情况以及对农村生态文明建设的看法；第三部分是农村生态安全方面的内容，涉及农业生产、生态文化以及人居环境方面的内容；最后一部分是关于农村生态环境建设方面的内容，主要调查农业环境污染、农村生活污染、乡镇工业污染以及农村生态环境整治及相关政策的内容。

本次调研共计发放调查问卷 300 份，有效问卷 283 份。以下针对回收的有效样本的几个方面进行统计分析。

1) 受访者个人背景资料

调查发现在 283 份有效样本中，男性有 225 人(占 80%)，女性有 58 人(占 20%)，比例上相差较大，年龄层分布以大于 50 岁最多(占 47%)，20 岁以下最少(占 1%)；在受访者家中的共同生活人数以五人最多(占 31%)；在教育程度方面，受初中教育的人数最多，有 141 人(占 50%)，其次是受小学教育程度的农民(占 18%)；受访者从事的工作中，外出打工的人数最多，有 100 人(占 35%)；在家庭总收入方面以 5 万~10 万元最多(占 60%)，其次是小于 5 万元的(占 33%)，大于 10 万元的最少(占 7%)。

从调查资料来看，可以得到受访者的几个背景特征：第一，受访者大多为男性，年龄大多分布在 40 岁以上，调查显示年轻力壮的男性或女性大多选择外出打工，留在农村的大多为中老年人；第二，受访者家中共同生活人数以五人最为普遍，说明推行多年的计划生育政策在农村已取得很大成效，家庭结构多为两个老人、一对夫妻和一个小孩；第三，受访者大多为初中和小学教育程度，这反映农村人口可能刚刚脱盲，中高等教育人口不多，此外还有一种解释，受访者的年龄偏高，由于时代的原因，受教育程度不高，即受过中高等教育的青年人外出求学或打工，留在农村的中老年人受教育程度不高；第四，从家庭总收入来看，苏中农村地区农民的生活水平在江苏省属于中等水平，生活相对富裕；第五，从工作的类型来看，农民选择外出打工的人比较多，因为务农的经济收益不高，青年人选择去经济较为发达的区域工作来增加家庭收入，说明苏中地区经济发展在全省处于中等水平，不能完全解决就业问题。

2) *受访者对农村生态文明建设的看法*

从问卷统计的结果来看，有 75%的农户听说过农村生态文明建设的相关内容，其中只有 28%的人对这方面了解得比较多，61%只是知道一点。获取生态文明相关信息的途径主要是报纸、电视、网络、广播以及从村干部处得到信息等。其中，通过看电视获取信息的比例最大，占到 36%，通过看报纸获取信息的比例次之，占 26%，从村干部处听说的也占到 21%。被调查的农户中认为农村生态文明建设主要靠当地政府的占 54%，主要靠村干部的占 44%，而认为主要依靠农村能人、依靠家族团体的比例较小，占 12%。对于是否愿意参与农村生态文明建设的问题，87%的农户表示愿意，所占的人数比较多，10%的人表示很愿意，只有3%的人表示无所谓或不愿意。认为农村生态文明建设完全由政府出资的有57%，认为政府出一部分钱、农民出一部分钱的有22%，认为政府出钱、农民出工的占22%。对于农村生态文明建设人们最关注人居环境建设的占75%，所占比例最大，最关注生态环境建设的占17%，最关注生态产业发展的占6%，最关注生态文化发展的有2%。

通过分析问卷的结果可得出：在苏中农村地区，大多数农民听说过生态文明建设，但是了解得不深入，主要通过电视、报纸和网络获取信息，同时也有一部分农户是通过村干部获取到这方面的信息，这也从侧面反映出苏中农村经济在不断提升，农民的文化生活在不断地改善，而且基层干部与农民的交流也比较多，干群关系良好。对于生态文明的建设方面，大多数人认为要靠当地政府且主要靠政府出资建设，而且村干部在农村生态文明建设方面中责任重大，农民对其给予很大的期望，说明在农村的具体工作中基层干部的重要性；同时农民也很愿意加入到生态文明的建设中，说明苏中农村地区，农民对政府的信任度高，政府相关的农村建设工作也比较容易开展。在农村生态文明的内容中，农民最关心的是人居环境和生态环境的建设情况，而对于生态产业和生态文化方面关注较少，说明农民对生态文明的认识还只是在表面，经分析，一方面是政府宣传的力度还不够，另一方面是农民自身的知识存在局限性。

3) 农业面源污染调查结果分析

从问卷统计的结果来看，在调查的农户中有7%认为农业面源污染的危害非常大，23%的农户认为农业面源污染的危害程度较大，59%的农户认为其危害较小，而11%的农户认为农业面源污染无危害。对于农业面源污染是否与施用化肥有关，有53%的农户认为有关，且关系较大，有30%的农户表示无关，17%的农户不知道两者之间是否有关。对于本村农业面源污染治理总体感知，有 34%的农户对本村的农业面源污染治理非常满意，32%的人表示比较满意。对于农业面源污染的治理有待改进方面，51%的农户认为是农业结构优化，36%的人认为是农用地布局优化，17%的人认为是农业清洁生产或政府与农户协同治理或生态补偿。

通过分析问卷的统计结果可以得出：在苏中农村地区，对于农业面源污染的危害性和主要的来源途径，农民对此认知不够，相关知识匮乏，大多数人认为农业面源污染较小，还有一部分人认为无污染，不清楚自己本身的农业生产行为会带来农业面源污染，这说明政府的宣传力度不够，同时农民自身固有的局限性也是重要的方面。对于苏中农村地区农业面源污染的治理情况，部分农民很不满意，且有一定的比例，这说明苏中农业面源污染的治理不容乐观，治理的成效不是很明显，政府需要更加重视。同时，有待改进的地方农民普遍认为是农业结构优化、农用地布局优化等，只有一小部分的农户认为是生态补偿和与政府协同处理。这结果与现实情况不一致，农业结构优化、农业清洁生产等都已经实施，体系比较完备，但是生态补偿等制度还在不断摸索阶段，经过分析得出，农户对于生态补偿相关内容不了解，导致该选项不选的人比较多。

4) 农村工业污染调查结果分析

从问卷统计的结果来看，在乡镇企业的类型中，机械电子类所占的比例最大，占 30%，其次是化工企业，占 20%，纺织和建材企业分别占 12%和 13%。关于乡镇企业对环境的危害程度来看，59%的农户认为污染较轻，27%的人认为没有污染，14%的人认为污染严重。对于乡镇企业的所产生的污染类型来看，52%的人认为主要是水污染，34%的人认为主要是大气污染，7%的人认为主要是固体废弃物污染。对于本村工业污染治理的总体感知，59%的人比较满意，24%的人认为治理效果一般，9%的人很不满意。在农村工业污染治理需要改进的方面，有 58%的人认为是产业污染转移，17%的人认为要建设生态工业园区，13%的人认为需要政府与企业协同治理。

通过分析问卷的统计结果可以得出：在苏中地区，乡镇企业的类型以机械电子类、化工类以及纺织、建材类居多，说明苏中地区农村工业化程度不高，产业结构还需要进一步调整，其发展处于中低水平。大多数农户认为乡镇企业带来了环境污染，但是污染较轻，也有一部分人认为污染比较严重。其中污染的类型，认为主要是水污染和大气污染，这与我们预期的结果一致，苏中地区乡镇工业的发展带来了环境污染，且污染程度不容乐观。农户对于本村的工业污染治理情况，大多数人表示比较满意，也有一小部分人认为很不满意，这说明苏中地区对于农村工业污染的治理采取了措施，且效果明显，农民的反映比较好。在农村工业污染治理，农民觉得政府在以下几个方面有待改进：产业污染转移、生态工业园区建设以及和政府与企业协同治理。经分析，这是苏中现阶段不可避免的问题，因为苏中地区经济发展水平处于江苏省中等水平，势必会承接来自苏南一些污染企业的转移，这是经济发展的一个过程，但是政府部门可以选择性地接收，对于污染严重的企业禁止迁入，在生态工业园区的建设方面，政府要加强力度。

5) 农村生活污染调查结果分析

从问卷统计的结果来看，对于生活垃圾污染主要引起的危害，65%的人认为露天堆放占用土地，有 12%的人认为会危害人的身体健康，18%的人认为会污染河水、地下水以及空气，5%的人表示不清楚。基本上每个村都有生活垃圾箱安置点，其维护情况是：99%是村里统一建设、统一收集清运，1%是村民自建自管。对于垃圾处理的方式，1%的农户扔到路边、沟道里或家门外空地，1%的农户扔到垃圾池(桶)自己处理，98%的农户扔到垃圾池(桶)并有专人收集清运。对于本村的生活垃圾处理总体情况，12%的农户认为非常满意，81%的农户认为比较满意，6%的人认为一般。同样对于生活污水的处理情况，5%的农户非常满意，56%的农户比较满意，24%的农户认为一般，14%

的人不太满意。对于日常生活中产生的洗衣、洗菜、冲厕等生活污水对环境的影响程度，19%的农户认为其危害严重，77%的农户认为危害不大，4%的农户对此没有概念。对于生活污水是否有必要收集处理，59%的农户认为有必要，应政府出钱，14%的农户也认为有必要，但应集体出钱，27%的农户认为没有必要，浪费钱。

通过分析问卷的统计结果可以得出：在苏中农村地区，农民对于生活垃圾产生的直接影响比较认同，认为露天堆放会占用土地，但是生活垃圾对农村的生态环境以及人本身也会造成危害却了解得不多，这说明农民的环保意识还不够，同时政府的环保宣传也要加大力度。苏中地区在村庄整治方面取得了显著的成效，每个村都设有垃圾箱，村里统一建设、统一收集清运，大多数人能够自觉将垃圾扔进垃圾箱。对于农村生活垃圾的处理总体情况，绝大多数农户表示满意，苏中农村环境确实在不断改善中。对于生活污水所带来的环境污染，农户对此普遍意识不高，一半以上的人认为危害不大，但是59%的农户认为有必要收集处理，由政府或集体出钱，说明苏中农村地区环境整治方面还有一定的上升空间，污水的处理是很重要的方面。

三、苏中农村生态文明发展路径

预防是农业生态环境防治的基础，没有监测手段就难以对农业环境进行有效的监督预警。要进行预防，就要求对农业环境进行监测，对农业生态环境进行管理，及时发现农业生产生活中存在的问题，指导农民进行生产生活，以促进农业生产可持续发展。

治理是农业污染的中心环节，实施流域综合管理计划，统一规划农业面源污染控制政策和设立执行部门，进行小流域面源污染的综合治理。从领导层开始加强对农业污染防治工作的重视，增强领导工作的针对性、超前性，抓好组织落实，完善相应的组织管理机构，制定切实可行的实施方案，建立目标责任制，分阶段、有重要地逐步推动工作开展。坚持农业生产与污染治理协同发展的原则，采取经济、行政、法律等手段，加大对农业污染的治理与管理力度。技术上采用生态沟渠、生态隔离带等技术，同时开展农业面源污染控制最佳措施体系研究，利用国内外的先进经验，结合本市的实际情况探索适合自己的农业污染治理控制的生态技术，引导农业清洁生产，减少农业污染物的产生，减少生产和服务过程对环境和人类的危害。

1. 源头控制

在面源污染防治和治理措施方面，国内外主要是采取源头控制的方法，从问题的根源出发，治根治本。对种植业、畜禽养殖非点源进行分类控制，以减少农业污染。

1) 种植业污染控制

种植业结构调整与布局优化。因不同作物对化肥、农药、地膜需要的差异，所导致的农业污染程度也不同。要间歇种植高化肥、农药、地膜作物，防止连续种植导致的化肥、农药、地膜在土壤中的积聚。对于地块比较细碎且分散的高化肥、农药、地膜作物要调整种植结构，尽量与临近低化肥、农药、地膜作物地块集中连片种植，以减少由化肥、农药、地膜所产生的农业污染。

改善农田灌溉设施。在苏中地区农业生产活动中，化肥流失普遍并且严重。目前，农业生产一直沿用传统的灌溉方式，作物灌溉以漫灌或畦灌为主，地表径流流失严重。改革传统的农业灌溉方式，采用沟灌、喷灌及滴灌等灌溉技术，一方面可以节约农业用水；另一方面，可提高作物利用水率，减少化肥地表径流，防止农业污染。

提高秸秆综合利用率。学者研究表明，秸秆还田有利于提高氮素利用率，节省化肥用量抑制杂草生长，较好地解决秸秆过剩难处理与有机肥投入不足的矛盾，从而改善生态环境，基本上能避免“村村点火，处处冒烟”的现象发生。秸秆作为饲料和原料的利用率很低，严重浪费资源。秸秆作为养殖业的饲料和工业的原料，对养殖者及企业的产出利润很高，就地取材，节省投资者经营成本，同时解决秸秆过剩问题，保护农业生态环境。

2) 畜禽养殖污染控制

进行生态养殖，引导畜禽养殖企业走生态养殖道路，减少禽畜废水直接向水体排放。根据国家环境保护总局《畜禽养殖污染防治管理办法》的有关要求划定水源保护区、城市和城镇中人口集中地区为畜禽禁养区，同时治污设施要配套。养殖场可以和有机肥厂、农场实行综合循环利用，促进共同发展。在养殖技术上实施品种改良和推广，由粗放型向集约型转变，进行产业化养殖，调整畜禽结构。在饲养管理上，合理利用饲料添加剂，实行阶段饲养，提高管理水平，完善污染防治设施，落实畜禽废渣综合利用措施。管理部门从排污申报、排污收费、排污许可证和污染限期治理等方面下工夫，生产的沼气作为养畜和生活用能，沼渣和沼液作为肥料还田，沼液也可进一步经氧化池(塘)处理后作为灌溉用水利用。

改变传统的以农户单元为主，追求自身经济利益最大化的禽畜养殖模式，逐步走上规模化、集约化，以社会、生态、经济综合效益最大化的养殖模式，加强养殖废物的无害化、资源化和减量化，改善畜禽养殖场废物处理设备，提高废物的利用率，制定排污技术标准，从根本上解决污染源排放废物问题。

目前在进行农业污染源头控制的同时，考虑到不同畜禽类型、养殖规模对环境构成的污染威胁程度的差异，针对苏中地区各市实际畜禽养殖情况制定并出台当地畜禽养殖排污技术标准政策文件，具体技术标准应包含：畜禽废物固液池容量、密封性标准，以及固液废物储放、运输、无害化还田技术标准。

养殖户缺乏环保意识与知识、缺乏处理养殖业废弃物的有效手段、缺乏法律意识与知识、相关法律法规不完善、监督乏力等，共同造成了养殖业废弃物的不科学处理方式与行为。小规模养殖户科学处理养殖业废弃物的知识与法律意识更需要提高。把养殖业废弃物减量化、无害化和资源化需要社会各界的共同努力。

加强养殖户科学处理养殖业废弃物的意识、知识及相关法律法规的培训。通过培训，提高养殖户科学处理废弃物的知识与法律意识，形成主动约束自我不科学行为的习惯，以从源头减少废弃物的产生量，实现养殖业废弃物的减量化。

研究更多适合农村庭院规模养殖户处理废弃物的措施。如能提供给养殖户更多有效处理养殖业废弃物的手段与措施，就会把养殖户科学处理养殖业废弃物的知识与法律意识转变为科学处理养殖业废弃物的能力，以实现养殖业废弃物的无害化处理、资源化利用，减少对环境、土壤等的污染，减少疾病传播的可能性。

2. 加强农业污染技术支撑体系的建设

1) 建立限定性农业生产技术标准规范

建立清洁生产的技术规范体系，采用标准化生产和质量全程控制手段，引导和帮助农民科学用肥，扶植优势农产品品牌，完善检验检测体系，扩大农产品质量安全监管控制范围，提高农产品的优等品率及安全达标率，全面提高优势农产品的质量安全水平。进一步完善我国农药管理法律法规、技术规范和标准体系，借鉴国外的肥料施用法规，制定农田管理制度，对农业生产过程中的行为等运用法律和规章制度进行规定和管理，强调农业污染控制的重要性，制定环境安全的良好农业措施系统，规范农田施肥的时间、种类和数量。加强基础研究，制定水源保护地政策，制定不同区域水源保护的技术标准，规定允许种植的作物类型(轮作体系)、施肥数量、时间、种类和方法等。也可采用经济杠杆，实施生态农业鼓励政策，对采取农田管理措施的农户给予奖励，而对破坏环境的予以惩罚。

2) 加强环境友好型农业生产技术的研发

首先，要鼓励适合我国小农户生产的环境友好型农业技术的研究，如优化施肥技术，高效、低毒、低残留农药的生产与喷施技术，病虫灾害综合防治技术，水土保持技术，清洁生产技术等。其次，要在实际中进一步将行政、法律和经济手段结合起来，促进环境友好型农业技术的研究应用，限制不利环境技术的产生，包括对新的农业技术研究的立项审批和成果的推广使用，需要考察其对环境的影响。对不利于农业环境保护的技术，可通过宣传引导限制其研究和使用，可采取行政和法律手段加以制止。最后，把环境友好型农业技术创新纳入国家科技创新体系之中。从认识和措施上，促进高新技术在农业中的应用。改革农业科研体制，包括运用市场经济体制进行管理，按农业自然条件的差异而不是完全按行政地区来设置农业科研机构，不搞衙门等级，重视科研成果，以充分发挥农业科研资源的潜力，努力促进农业科研成果产品化、商品化、普及化。

3) 促进环境友好型农业技术的推广工作

农业新技术的使用有一定风险，也存在一个认识过程，开始时许多生产者会采取观望态度，只有见到实效才愿意采用。根据这一特点，政府需要做好技术的推广示范和指导工作。根据理论研究成果，农户的年龄、家庭的经济状况、农业生产地理位置等状况不尽相同，对环境友好型农业技术的采用均有影响。应该根据不同的情况分别对待，如我国西部地区的农户经济状况较差，政策应建议他们采用劳动力密集型或风险较小的环境友好型农业技术，并给予信贷、资金等方面的扶持，降低环境友好型农业技术采用的门槛。

4) 推动环境友好型农业技术的信息传播工作

实践证明，涉农企业和农户的专业组织(如专业合作社)也在技术的信息传播和服务中发挥了重大作用，政府应加大对他们的扶持力度，尤其在环境友好型农业技术的采用中给予政策倾斜。在这一过程中，注意发挥他们在环境友好型农业技术传播中的作用。我国原有的农业信息渠道应搞好综合信息服务，通过电话、报纸、电视、互联网等建设起环境友好型农业技术信息网，这个网络与环境友好型农业技术的推广网络有机地融合成一个整体，帮助农户了解和掌握环境友好型农业技术信息和操作方法，减少农户经营过程中的技术不确定性和主观风险，提高环境友好型农业技术的采用成功率和采用程度。

3. 完善农业污染防治的社会参与机制

1) 提高农户环境保护与参与意识

使农民认识到控制农业污染的环境安全，以及巩固农产品生产能力安全，对我国新农村建设具有非常大的意义。一般通过正规教育和非正规教育增强农户环境意识，前者是通过在义务教育时期设置管控农业污染的相关课程，培养学生的环境意识，后者是通过有线电视、报纸、广播、节目、讲座、传单等形式向公众讲授什么是农业污染、农业污染与水体污染之间的关系以及对环境和人体健康的影响。

2) 鼓励非政府组织参与

经验证明非政府组织作为公众力量在环境保护中的作用不可替代，因此，优化政策条件鼓励非政府组织参与农业污染防治具有重要作用。一是改变我国现有非政府环境组织的不适宜立法状况，建立以高级法律为核心的统一立法，使非政府环境组织具有合法性。二是调整有关税收法律法规，以解决非政府环境组织筹资困境。三是改变现有非政府环境组织双重管理制度，创造有利于非政府环境组织发展的良性政策环境，适当让渡部分政府权力，明确二者职能的划分并建立完善的监督管理机制。四是强化非政府环境组织的自身建设。制定非政府环境组织的内部管理机制，在人员素质及自律、资金筹集和管理、活动质量及创新等方面加强建设。

3）大力宣传环保意识，积极教导培训农民

环境保护是我国的一项基本国策，是我国经济社会建设过程中必须遵守的一项基本制度。建设美好家园，是每一位公众的心愿与向往。就目前环境保护中公众参与的方式来看，可以归纳为主动、被动和政府引导三种方式。主动参与的方式，是指公众积极地、自觉自愿地参加到环境保护的知识和法律宣传、政策制度建设的建言献策、科学研究、绿化美化、执法等各种活动中来，为环境保护事业发展和各类环境质量改善贡献力量。被动参与的方式，是指公众在环境急剧恶化危及自身生存与健康的前提条件下，才不得不参与到环境保护的各种活动中。政府引导的方式，是指公众在政府行政管理政策和政府示范行为的引导下，自觉和不自觉地参与到环境保护的各种活动中来。因此，我们应该大力宣传环保意识，提高公众的积极性，在政府的引导下从根本上控制农业污染，同时只有公众热心环境保护事业、关心环境保护工作和积极参与环境保护，才能使环境问题得到真正的解决。农业污染具有分布面广、排放量大、涉及千家万户的特点，治理农业污染必须依靠广大农村基层干部、群众的广泛参与。各级农业部门要发挥职能部门的作用，广泛利用各种媒体、渠道，加强对治理农业污染的宣传和教育，普及污染防治知识，消除基层干部群众中存在的模糊认识，使农民群众了解农业污染的现状、途径和严重危害性，增强防治污染的自觉性、主动性。加强技术培训，有计划、分层次开展对农民的技术培训，使他们尽快掌握农业污染防治的知识和技能，为防治工作的开展提供足够的技术支持。

4. 严格法律制度，强化农业环境管理

政府和环境保护部门要抓紧制定和完善农业环境保护的法律和法规，充

分运用法律、经济、行政和技术手段保障农业生态环境建设的顺利进行，严厉打击破坏生态环境的犯罪行为。依法保护农业生态环境，把农业污染的治理作为中国农业环境保护工作的重中之重。对保护农业生态环境的生产方式和方法给予推广和奖励，做到“有法必依，违法必究”，切实保护农业环境。

环境管理制度是保证实现农业污染控制目标的极其重要的途径，是其他环境保护手段发挥作用的前提和基础，只有在相应的环境管理制度保障之下，其他手段才具有合法性和权威性，才能强有力地得以实施。因此，要发挥政府的管理职能，制定及实施切实可行的环境管理制度，引导、约束、协调人们的观念和行为，保证农业污染控制目标的实现。对主要环境管理法规进行调整。鉴于农业污染的严重性，可以考虑对主要的环境管理法规进行修订，增加有关农业污染防治的内容，提高农业污染的管理层次和法律效力。

进行区域性农业环境管理立法。农业环境管理各种污染因素相互交织、共同作用，很难分清具体的污染因子，必须采取综合性手段。有必要从不同区域农村发展和环境保护的工作实际出发，制定区域性或是地方性的农业环境保护法规，建立农业污染控制的平台，实施区域化农业污染综合管理。

5. 建立、健全土地利用与农业污染关系评估体系，实施动态监测机制

通过研究土地利用对农业污染影响的作用机理，发现当前土地利用与农业污染相关性很大，农业污染作为生态环境污染的主要方面，在一定程度上代表了区域土地利用对生态环境的影响，可以作为人与自然关系的缩影，是人类社会生存与发展的基础，其和谐程度如何直接决定了人类社会的稳定与发展，因而必须建立、健全二者关系的评估体系，实施动态监测机制，确保二者关系的和谐共生。对农业污染问题发生机制的研究表明，农业污染问题作为区域生态环境系统遭到破坏的直接响应，它是脆弱的自然环境与日益加剧的人类活动的必然结果，也是区域土地利用突破生态环境层层限制的最后

产物。当土地利用在土地单元层面上毁坏生态环境因子、在区段层面上破坏生态敏感因子与景观战略性组分、在区域层面上突破生态系统阈值时，农业污染问题才逐渐成为不争的事实。根据这一规律，二者关系的评价也必须紧紧围绕此问题展开，在微观、中观、宏观层面上分别采取土地利用适宜性评价、土地利用敏感性评价与土地利用生态系统评价三种评价方法，实施立体式定期评价，以确保评价结果的真实性、现势性。同时在评价间隙期，建立严密的生态污染与破坏监测网络，实施动态监测机制，以便及时地发现各种潜在威胁及土地资源过度开发、利用所带来的生态环境负面影响，并及早诊断，以采取相应的措施加以防范。

第八章　苏北区域农村生态文明发展分析

一、苏北区域农村社会经济发展状况

苏北即江苏北部地区的简称，位于以上海为龙头的长江三角洲，是全国沿海经济带重要组成部分。苏北地处黄海之滨，海岸线 744km，与日本、韩国隔海相望，位于以上海为龙头的长江三角洲地区，处在南下北上、东出西进的重要位置，是全国沿海经济带的重要组成部分。苏北处于黄淮平原与江淮平原的过渡地带，地势平坦，区内河网密布，物产丰富，是我国东部沿海地区重要的制造业基地。苏北地区的地势总体上极为低平，为坦荡的平原，同时京杭运河沿扬州、淮安和徐州向山东延伸；苏北地区拥有众多湖泊，包括骆马湖、洪泽湖等。苏北地区拥有矿产资源、海洋资源、土地资源等较为丰富的自然资源，在资源短缺的江苏以及华东地区具有重要地位，苏北的土地面积 5.23 万 km^2。

按照现在江苏通行的行政区域划分，苏北地区包括徐州、连云港、宿迁、淮安、盐城 5 个省辖市，16 个市辖区、4 个县级市、19 个县，共 39 个县(市、区)，2012 年末人口 2 989.34 万人。江苏省委、省政府高度重视苏北地区的发展，陆续出台了一系列加快苏北发展的政策措施，这些政策措施在增加苏北基础设施建设投入、扶持苏北产业发展、促进对内对外开放、加快科技教育事业发展、推动苏南苏北合作等方面发挥了重要作用。2012 年苏北 5 个市共实现 GDP12 182.94 亿元，人均 GDP 达到 40 914 元，高出全国平均 2 465 元；实现公共预算收入 1 280.22 亿元，社会消费品零售总额 3 932.66 亿元，进出口总额 291.12 亿美元，实际外商直接投资 71.18 亿美元，农村居民人均纯收入 10 502 元。2012 年东台市、大丰市、建湖县、铜山区、邳州市等率先在苏北地区实现“省定县域全面小康达标县市”。

二、苏北农村生态文明建设

1. 整体情况

为了了解苏北农村生态文明建设情况，2013 年 8 月在淮安、盐城两市开展了农村生态文明发展问卷调查。调查问卷由四部分内容构成，第一部分是对农户及所在村的基本情况了解；第二部分是农户对生态文明的了解情况以及对农村生态文明建设的看法；第三部分是农村生态安全方面的内容，涉及农业生产、生态文化以及人居环境方面的内容；最后一部分是关于农村生态环境建设方面的内容，主要调查农业环境污染、农村生活污染、乡镇工业污染以及农村生态环境整治及相关政策的内容。此次调查共回收问卷 295 份，其中有效问卷 277 份：大丰市 95 份，涉及白驹、草堰两镇；洪泽县 80 份，涉及三河、岔河、朱坝三镇；涟水县 102 份，涉及南集、岔庙两镇；共涉及 22 个村。

问卷分析结果表明，70.4%的农户听说过农村生态文明，31.4%的农户对生态文明仅知道一点，20.6%的农户比较了解农村生态文明，农户主要通过电视、报纸等了解农村生态文明。59.9%的农户认为农村生态文明建设主要依靠当地政府，30.3%的农户认为依靠村干部。61.7%的农户愿意参与农村生态文明建设，1.1%的农户不愿意参与。37.2%的农户认为农村生态文明建设需要政府出一部分钱、农民出一部分钱，32.5%的农户认为完全由政府出资。在农村生态文明建设中，34.3%的农户最关心人居环境建设，32.9%的农户最关心生态产业发展，19.9%的农户最关心生态环境建设。

关于生态产业，39.0%的农户比较满意，10.5%的农户不太满意。关于生态工业，44.0%的农户满意程度一般，13.7%的农户不太满意。关于生态服务业，52.0%的农户满意程度一般，27.4%的农户比较满意。对于生态旅游业而言，26.0%的农户比较满意，14.4%的农户不太满意。关于民俗文化传承，30.3%的农户比较满意，49.1%的农户满意程度一般。对于文化教育而言，33.9%的农户比较满意，9.7%的农户不太满意。关于文化活动，44.8%的农户满意程度一般，36.1%的农户比较满意。对于生活方式而言，28.5%的农户比较满意，6.5%的农户不太满意。

对于本村农业面源污染治理而言，24.9%的农户感到比较满意，10.8%的农户感觉不太满意。关于生活污水处理，19.5%的农户感到不太满意，24.5%的农户感到比较满意。80%以上的农户认为本村开展了环境综合治理工作，21.7%的农户认为本村生态环境最急需改进的是农村生活污水，20.9%的农户认为是农村生活垃圾，19.5%的农户觉得是农业面源污染。

2. 苏北农村生态安全发展

近年来，苏北高度重视环境保护和生态建设工作，以创建国家生态市为抓手，扎实推进农村生态安全建设，取得了一定的成效。以淮安市为例，该市制定了科学合理的生态文明建设规划，促进区县生态安全建设创建工作全覆盖，注重加强环境基础设施建设，重点开展农村环境整治，工业企业整治扎实有效，强化生态文明宣传。在生态安全建设过程中，牢固树立一个理念“环境是发展的战略资源、生态是最宝贵的财富”，紧紧扭住一个抓手“大力开展国家环保模范城市、国家生态市创建工作”，建立健全一套机制“督查考核、生态补偿、环保投入和公众参与”。

苏北农村生态安全建设既取得了重大进展，具备有利条件，也面临着巨大挑战，主要是经济社会快速发展与资源环境承载能力不足的矛盾、群众不断增长的环境需求与环境公共产品供给不足的矛盾尚未根本解决。农村生态安全发展依然是“短板”和薄弱环节，保护和改善生态环境是躲不开绕不过的一道“坎”。

苏北破解资源能源约束难度加大，转变发展方式难度加大，改善生态环境质量难度加大，农村生态安全意识有待加强。分析结果表明，苏北存在农村环境污染问题、生物多样性问题、耕地破坏问题、生态服务功能问题等。

3. 苏北农业面源污染治理

1) 转变农业发展方式

农业发展方式通过农业投入规模、产业结构、农业科技进步、农业产业化经营、农业生态建设对农业面源污染产生影响。在某一地区产业结构、技术条件不变的情况下，生产要素(如土地、资金等)投入越多意味着资源消耗越多和产生更多的污染；对于农业生产投入而言，在其他条件不变的情况下，农业投入越多同样也意味着消耗更多的农业资源和产生更多的农业面源污染物。当污染密集型行业所占比重下降或发展速度放慢时，污染物排放量会减少；伴随农业生产从种植业到畜禽养殖的发展，以及粮食作物播种面积的减少和经济作物播种面积的增大，农业面源污染也呈现污染增加的趋势。农业技术主要通过改变农业生产方式、产生新的生产要素、新的管理方式以及提供环境友好型技术等对农业面源污染物排放量产生影响。推进农业适度规模经营，可以加快农业产业化经营的进程，有利于农业技术人员对生产的分类指导和先进管理方法的采纳，这为缓解农业面源污染提供了可能。农业生态建设的推行，一定程度上能减少农业面源污染。

农业投入规模更多体现了规模效应，投入越多，环境消耗量越大，污染物产出量越大，规模效应一定是正的；产业结构反映了结构效应，不同产业产出份额的变化对环境质量变化的影响，不同的结构，单位产出的污染排放强度会有很大的差异。技术进步、农业产业化经营、农业生态建设反映了减污效应。

2) 种植业结构优化

农业面源污染已成为水体污染物的主要来源，基于面源污染的农业种植结构调整势在必行。农业面源污染控制下的农业结构优化调整不仅要对农业内部各种农作物种植的比例进行调整，更要从农作物的清洁生产技术应用和推广比例出发，推动绿色、有机生产的发展，以达到经济的最优和污染物排放的总量要求。

通过普通农业种植与清洁农业生产的土地面积和成本收益参数，建立以农作物种植收益最大化为目标函数的线性模型，然后依据农业面源污染总量控制以及需求(粮食需求、果蔬需求等)、土地面积、种植比例和绿色技术推广等约束条件，将农业面源污染总量合理地分配于各种农业种植，对农业种植结构进行优化。

3) 农户测土配方施肥技术采用行为

借鉴前人对农户技术采用行为影响因素的研究，结合测土配方施肥技术自身的特点，本书也将从农户自身特征、技术诱导因素、技术信息因素、风险以及其他因素这五个方面来探讨农户测土配方施肥技术采用行为的影响因素。

农户测土配方施肥技术采用行为的影响因子选取：农户特征变量分别从农户个体特征和农户家庭特征两个角度，选择了户主的年龄、受教育程度、家庭务农人数、家中有无村干部以及家庭非农收入五个因子；技术诱导因素选取农户耕地面积、是否参加过技术培训或指导两个变量；技术信息变量选择信息获取渠道、与农技员接触次数两个因子；选取风险偏好和农业收入占家庭收入比重两个因子来反映农户的风险承受能力。(表 8-1)

为了研究农户测土配方施肥技术采用行为影响因素所设定的 Logistic 二元选择模型如下：

$$P_i = (H_t, I_j, M_k, R_q, D_v)\beta + \alpha \quad (8\text{-}1)$$

式中，因变量 P_i 表示测土配方施肥技术采用的发生率，只有两个取值(采用为 1，不采用为 0)。模型估计结果见表 8-2。

表 8-1 变量定义及预期方向

		变量定义	预期方向
因变量	是否采用测土配方施肥技术	1=采用；0=不采用	
自变量	农户特征	户主年龄	–
		户主的受教育年限	+
		家庭务农人数(家庭从事农业生产的劳动力数)	+
		家中有无村干部(1=有村干部；0=无村干部)	+
		家庭非农收入(农民从事非农就业的收入)	–
	技术诱导因素	农户耕地面积(不包括水域)	+
		是否接受过技术培训或指导(1=接受过；0=没有接受过)	+
	技术信息变量	信息获取渠道(获取农业技术信息的渠道有几种)	+
		与农技员接触次数(每年与农技人员的联系次数)	+
	风险变量	农业收入比重(农户农业收入/家庭总收入)	+

表 8-2 测土配方施肥技术模型估计结果

变量名	系数	标准差	Sig
农户特征变量			
户主的年龄	–0.021	0.016	0.194
户主的受教育年限	–0.063	0.179	0.726
家庭务农人数	–0.058	0.221	0.793
家中有无村干部	0.466	0.350	0.183
家庭非农收入	0.000	0.000	0.286
技术诱导因素			
农户耕地面积	–0.021	0.020	0.296
技术培训或指导	1.686***	0.355	0.000
技术信息变量			
信息获取渠道	–0.006	0.151	0.970
与农技员接触次数	0.615***	0.164	0.000

续表

变量名	系数	标准差	Sig
风险变量			
农业收入比重	0.004	0.008	0.672
常数	0.836	1.395	0.549

*、**、***分别表示在 10%、5%、1%的水平下显著

模型估计结果表明，有 10 个变量从不同方向和程度对农户是否采用测土配方施肥技术产生了影响，其中技术培训或指导、与农技员接触次数两个变量达到了显著的水平，而其余变量则没有呈现显著的影响，具体分析如下。

(1) 农户特征

在农户特征变量里面，没有一个变量与农户是否使用测土配方施肥技术有显著关系。年轻人勇于冒险，敢于尝试新事物，相对于年长者更容易接受测土配方施肥，即随着年龄的增长，农户使用测土配方施肥技术的可能性降低。年龄不显著的原因可能是样本农户户主大部分年龄集中在 40~60 岁，差异不是很大。户主的受教育年限与其是否使用测土配方施肥技术无显著相关关系，产生的原因可能是一方面平均受教育年限较高的这部分农户采用测土配方施肥的比例较低，可能对结果产生一定的影响；另一方面，由于调研区域农户受教育年限大致相同、差异性较小所致。家庭务农人数与农户是否采用测土配方施肥技术也无显著的相关关系，这可能是由于非农就业相对于农业生产比较利益更大，从而吸引了大部分的农村劳动力，特别是青壮年劳动力。家中是否有村干部与采用测土配方施肥无显著的相关关系，这与我们的预期结果也不一致，本村新技术的推广者通常都由当地村干部兼职，农技推广部门的新技术一般由村干部先行示范。主要原因可能在于测土配方施肥技术是一项程序比较复杂的新技术，需要耗费大量的劳动力，因此，反而家庭中有村干部的农户更不倾向于采用。家庭非农收入与农户是否采用测土配方施肥技术也没有呈现显著的相关关系，这可能是由于非农收入整体水平差异较小。

(2) 技术诱导因素

一般来说，耕地面积大的农户更容易获得规模效应，从而倾向于采用可以节约成本、提高产量的新技术，但是回归结果显示，农户耕地面积与农户是否采用测土配方施肥技术无显著的相关关系，这与预期的结果有些差异。通过查阅调查问卷发现，从事大规模种植的农户在采用新技术时一般会先进行小面积的试种，如果效果显著了才会大规模采用，因此，造成了农户耕地面积在模型当中不显著且呈现负相关关系。农户是否接受过技术培训或指导与其是否采用测土配方施肥技术在 1%水平上达到了显著水平，其系数为 1.686，与预期假设一致。这表明接受过农业技术培训或指导的农户能够比较全面、具体地了解一些有关测土配方施肥技术的信息，如成本是增加还是减少、带来的效益如何等，从而影响其对新技术的采用，而且这种影响常常是正向的，当前农业技术推广部门的技术指导或培训仍然是农业技术传播的一个重要渠道。

(3) 技术信息变量

信息获取渠道反映了农户获取新技术信息的方式，从回归模型可以看出，信息获取渠道与农户是否采用测土配方施肥技术之间无显著的相关关系，可能的原因在于目前农户信息获取渠道不多，农户之间差异较小。从模型结果可以看出，与农技员接触次数这一变量达到了显著的正相关关系，影响系数为 0.615，在 1%水平上显著。这表明与农技推广人员接触次数越多，越倾向于使用测土配方施肥技术。这是因为农民在进行农业生产过程中遇到困难，一般都会求助于农林站的农技工作人员，而在接触的过程中，农技员也会向农户推荐使用一些新技术，所以，在很多地区与农技员的联系成为农户了解新技术的主要渠道之一。

(4) 风险变量

农业收入比重与农户是否采用测土配方施肥技术呈正相关关系，即农业收入占家庭收入的比重越大，农户越倾向于使用新技术，但是并不显著。

4. 苏北农村生活垃圾治理

关于生活垃圾的危害，48.7%的农户认为生活垃圾会污染河水和地下水，7.2%的农户认为生活垃圾会污染空气。88.4%的农户认为本村有生活垃圾箱(池)，主要由村里统一建设、统一收集清运。关于家里处理垃圾的方式，39.0%的农户选择扔到垃圾池(桶)、自己处理，37.5%的农户选择扔到垃圾池(桶)，并有专人收集清运，13.7%的农户选择扔到路边、沟道里或家门外空地。如果村里有专人每天来收集垃圾，72.9%的农户愿意将自家垃圾用袋子装好，放在固定位置等他来取，或是放入垃圾箱中，19.9%农户选择基本愿意，3.2%的农户选择费事、不管它，还有部分农户选择别人怎么样、我就怎么样。关于村民对本村生活垃圾处理总体感受，48.4%的农户选择比较满意，26.0%的农户满意程度一般，6.9%的农户不太满意。

三、苏北农村生态文明发展路径

1. 种植业污染控制

1) 秸秆污染控制

开展禁烧秸秆工作。通过多种途径向群众讲清焚烧秸秆会造成资源的浪费和环境的污染等问题。每年在农作物收获季节，农技推广部门在电视上播放禁止焚烧秸秆的宣传标语，并通过各种会议对秸秆禁烧工作进行安排部署，安排专人下乡开展检查，杜绝地头焚烧秸秆现象的发生。

进一步优化应用结构，推广秸秆高效利用技术。引导群众减少用于生火做饭、烧炕取暖等秸秆低级应用方式的用量，压缩秸秆还田技术应用面积，重点推广秸秆经青储、氨化、揉草机处理后用来养牛、养羊，养殖业产生的粪便经堆沤或进入沼气池循环利用这一清洁高效转化利用模式，提高秸秆利用效率。

加大投入力度，积极探索秸秆综合利用的新途径。加大秸秆综合利用科技、资金投入力度，制定扶持政策，加快有关产品的开发和综合利用的步伐。引进秸秆微储、揉搓丝化等饲草料加工处理技术、秸秆固化成型燃料、秸秆热解气化、秸秆干馏等秸秆能源化利用技术、秸秆炭化活化技术、秸秆生物转化食用菌技术、秸秆纤维板生产技术、秸秆工艺品制作技术等能够提高秸秆利用率、延伸产业链条的秸秆综合利用技术，进一步拓宽秸秆综合利用的途径。

制定相应的奖惩措施。从经济角度刺激农民进行秸秆还田资源化利用，制订相应的奖罚措施。对于使用省工高效的早稻草、晚稻草、麦秆和油菜秆整草（秆）全量还田技术的农户，给予相应补贴；而那些将秸秆在田间焚烧或丢弃的，则要做出不同程度的经济处罚。

2) 化肥污染控制

在化肥污染型的广大苏北地区逐步推广测土配方施肥、氮调控法、计算机推荐施肥等较好的计量施肥方法，改氮肥追施时表面撒施为开沟深施，改磷肥撒施为集中施用，改一次施肥为少量多次。研究和制定合理的水肥管理措施，在不影响农作物单产的前提下，最大限度地减少农田化肥的施用量。同时，通过减少税收、提高农产品收购价格等优惠政策，鼓励农民种植以施用有机肥和复合肥为主的绿色经济作物，使本区农业逐步由“高投入、高产出”的农业模式过渡到可持续发展的生态农业模式。

科学的施肥方式。深施是目前减少肥料损失，提高化肥利用率效果最好且较稳定的一种方法，它可以增加作物产量，提高化肥利用率，减少肥料流失。

确定适宜的施肥数量和期限。发展精准农业，根据不同作物不同时期的需肥特点和土壤的肥力情况确定施肥的种类、数量及施肥期，实行定量化施肥技术。

选用新型高效肥料。不同的肥料品种对环境的破坏程度不同。在相同的施肥方式和管理条件下，尿素比碳氨肥效高，污染程度低。推荐使用对环境污染小的化肥品种，扩大新的、压缩老的肥料品种。如缓效性氮肥和包覆肥的使用，缓释肥料具有养分释放与作物吸收同步的功能和满足作物不同生长发育阶段的需要等优点。

平衡配套施肥。推广优化配方施肥，控制化肥的施用量，多施复合肥，平衡氮、磷、钾的比例，使化肥结构合理化。化肥施用比例失调会降低作物对化肥的利用率，增大化肥的流失。根据土壤条件、作物种类将施肥量控制在合适的范围之内，平衡施肥，是控制化肥污染的首要措施。

3) 农药污染控制

科学、合理、安全地使用农药。要改善使用农药的品种结构，研制开发高效低毒低用量和低残留的新农药，较大程度地减轻农药对人体健康和生态环境的影响。另外，也要提高科学的用药水平，根据农药的特性、在土壤和农作物中变化残留的规律，制定农药安全使用标准，规定农药使用范围及使用方法、作物的安全收割期以及常用农药在各类食品中的允许残留限量和每人每日最高允许摄入量标准，凡是超标一律禁食。

开展生物防治，发展无公害农药。利用活的有益的生物体来防治农业病虫害，达到以虫治虫、以菌治虫、以菌治菌、以菌治草的目的。也可以研制开发新型高效专一性的微生物及其代谢产物制剂，它是目前极力推广的“无公害农药”，既能专一杀死目标害虫而不伤害天敌，同时又不易使害虫对这类农药产生抗性。

2. 畜禽养殖业污染治理

1) 制定畜禽污染防治法规和污染物排放标准

加强畜禽业环境保护的法规建设，对畜禽养殖场的布局、污染处理设置、废弃物排放标准等给予明确的法律规定并及时奖惩。有条件的地区可进一步制定实施“废弃物处理”、“土壤保护”等相应的专项法规，建立一整套适合当地实际情况的消除畜禽公害、防止畜禽污染的法律体系，强化畜禽业的环境管理工作。各养殖场按照《排污许可证》核定的排放总量排放污染物，排放超过排放标准的，应按照国家和省有关规定交纳排污费，向水体排放污染物。

2) 种养结合，推广畜禽粪便综合利用技术

遵循减量化、无害化、生态化的原则，积极推广适用性技术，对畜禽粪尿进行多途径利用，充分提高畜禽粪尿的处理率。目前，已有成熟的技术可以减少畜禽粪尿的排放量，如日本的养鸡业普及乳头式饮水器，同时可以减少处理难度、节约处理成本。无害化处理是目前常用的畜禽污染防治技术，也是实现综合利用的基本保障，它包括畜禽粪便脱水预干燥技术、畜禽粪便快速堆积发酵和防夹技术、沼气发酵前处理及后处理技术等。利用厌氧发酵将粪便污水进行发酵产生沼气是目前畜禽养殖污染物无害化处理、资源化综合利用最有效的方法，不仅可以提供清洁的新能源，而且可以达到资源的多级利用。以沼气为纽带将种植业和养殖业的废弃物、人粪尿、畜禽粪便等各非点源污染物循环利用起来，把种养联系起来，形成一个物质多层高效利用的生态农业良性循环系统。

3) 优化禽养殖场的选址与布局和设计

畜禽场的选址、布局应考虑生态养殖模式的需要，根据养殖场可供消纳畜禽粪便的数量来确定养殖容量。在建场之初作好详细规划，包括畜禽养殖污染物的最终处理，并严格执行《畜禽养殖业污染防治技术规范》(HJ/T 81—2001)，既保证畜禽养殖生产的需要，又要确保符合环境保护的要求，力争在发展过程中不走弯路。划定禁养区，禁养区包括：生活饮用水水源保护

区、风景名胜区、自然保护区的核心及缓冲区、城市和城镇居民区。养殖场的排水系统应实行雨水和污水收集输送系统分离，在场区内外设置的污水收集输送系统，不得采取明沟布设。

4) 对规模养殖场与养殖户分别进行侧重管理

对于畜禽养殖大户以及养殖小区，通过实施集约化畜禽养殖管理规定，控制和管理其产生的非点源污染。政府强制性手段与自愿性手段的结合是畜禽养殖非点源污染控制管理成功的关键。借鉴美国等国家的成功经验，对养殖大户造成的畜禽污染采取强制性收费措施，可限制畜禽养殖的数量，根据养殖规模收取不同的排污费。此外，还要与养殖户自愿采用沼气池和三格式无动力厌氧发酵技术相结合，进行畜禽粪便资源化利用。

对于一个养殖大户，如果将其看作一个个独立的点源污染，并考虑将其纳入水污染总量控制计划，那么就可以引进国外关于点源与非点源排污交易这一经济激励的管理模式，点源就可通过交易方式使非点源在现有排污量的基础上进行削减。点源与非点源排污交易的基本思路是：在区域总量控制和环境标准法规的约束下，在区域内组织排污交易市场，点源可根据成本效益的比较，选择主动治理还是与非点源进行排污交易，而参加排污交易的非点源(农业生产者)则通过实施所谓“最佳管理实践”，对土地利用方式、农药化肥使用、耕作习惯等进行优化和改进，以相对较小的成本减少相应污染量的排放。在这种交易中，通常市场上削减量的买方都为点源，卖方都为非点源。由于江苏省苏北地区各市内农业非点源污染严重，点源与非点源排放的污染物在对环境造成的影响上具有可替代性，农业非点源污染有较大的削减空间和可行的削减技术，较好地满足了点源与非点源排污交易的前提条件，因此，这种以经济激励的方式刺激农业生产者减少污染排放的模式，可以考虑在苏北地区进行试点运行。

针对大多数分散养殖户来说，可以采用多种方式进行粪尿的处理和利用。

蚯蚓是改土造肥、消纳牲畜粪便和有机废物的能手，是地球的清洁工。利用畜禽粪便养殖蚯蚓，是一项古老而又年轻的无害化处理粪便的生物技术，这项技术工艺简便、费用低廉，既能获得优质有机肥料和高级蛋白质饲料，又不产生二次废物，对环境不产生二次污染，因而应积极推广。另外，建议每户都建有化粪池，或者利用高效菌株制作堆肥等，避免畜禽粪便对环境的直接污染。

5) 进行环境影响评价，从源头上控制新污染源

新建、改建、扩建畜禽养殖场必须按照《环境影响评价法》的规定，进行环境量影响评价。畜禽养殖场污染防治设施必须实行“三同时”制度，在投入时报环保、农业、科技行政主管部门共同对污染防治设施进行验收。

3. 农村生活垃圾治理

将苏北农村生活垃圾分为有机垃圾、无机垃圾、废品、毒性垃圾，根据不同类型垃圾的特点进行分类处理。针对不同类型垃圾，合理分配垃圾治理的成本与收益，健全成本收益分配机制。适当要求农户缴纳合理的垃圾治理费用，促使农民积极参与垃圾治理，合理监督管理人员、资源使用者的工作。

引入多中心治理模式，明确以政府为主导的垃圾治理产品供给主体，完善法律法规，优化农村行政管理机制，完善苏北农村基层环保机构，构建多层次的政府资金投入机制。充分发挥市场在垃圾治理产品供给中的主体作用，运行市场化运作、分级考核的管理体制，将治理人员的收入与工作绩效挂钩，市场化运行农村生活垃圾治理。积极合理引入第三方部门作为垃圾治理产品供给主体，与政府、市场部门进行良性互动。在此基础上，采取“上下结合、多方参与”的决策模式，拓宽垃圾治理资金的筹措渠道，调动村集体、农户、保洁员参与监督实现监管的多中心，进而提高农村生活垃圾治理成效。

第九章　江苏农村生态文明发展专题

一、生态农业典型模式

生态农业具有高效、稳定、持续性和多样性的特点，是我国农业未来发展的根本方向。技术创新是农业发展的前进动力，农业发展模式是农业发展技术的直接反应。生态农业模式是在一定地域内、在一定的自然经济条件下，农业生产各个要素根据生态学和经济学原理彼此组合、作用，具有特定结构、功能、效益和特色的生态农业产业体系的具体表达形式。而我国由于地域广阔、地域自然经济环境条件不同、农业产业组织发展程度不同，需要因地制宜地培育多样化的生态农业发展模式。目前，我国生态农业模式分类研究主要有：按区域规模或行政级别划分，可分为生态农业市、县、乡、镇、村、场、户等；按自然与社会经济条件，可划分为山区、平原、水域、丘陵、沿海、城郊等景观类型。按主要产品类型划分为单一和综合产品类型。国家环境保护总局将生态农业模式基本类型划分为五类——生物立体共生类、物质循环利用类、生物相克避害类、主要因子调控类和区域整体规划类。结合特定地域的农业经济资源的基本状况，应着重推进三大多功能生态农业模式：城镇近郊多功能都市生态农业模式、农业生产基础条件较好地域或农产品主产区的规模化多功能生态农业模式以及农业生产基础较好地域(如丘陵、山地、干旱地区)多功能生态农业模式。生态农业模式的基本类型可按照生物组织层次分为：在景观层次，以农业土地利用布局为核心的景观模式；在生态系统层次，以农业生态系统组分物流链接为核心的循环模式；在群落层次，以生物种群结构安排为核心的立体模式；在种群层次，以食物链关系设计为核心的食物链模式；在个体与基因层次上，以动植物品种选择为核心的物种与品种搭配模式。

江苏省积极响应建设资源节约、环境友好型社会的可持续发展的号召，以绿色江苏、生态强省为建设目标，大力开展生态循环农业示范县建设，通过模式改进、模式筛选和推广、模式定制及模式深入研究，在生态农业发展模式方面取得了显著成效。依据生态农业模式所应用的生态学原理、核心技术和模式推广的普遍性，结合江苏省生态农业县近 10 年的建设实践，将江苏省生态农业县建设中应用的生态农业模式归纳为 5 种生态农业主体模式(表 9-1)和 6 种典型生态农业模式(表 9-2)。

表 9-1　江苏生态农业主体模式及构成

序号	生态农业主体模式	模式构成
1	物质能量循环利用模式	种养结合循环利用模式 养殖业内部循环利用模式 种植业内部物质循环利用模式
2	立体开发利用模式	农田立体间套模式 水域立体养殖模式 果林地立体间套模式 农户庭院立体种养模式
3	规模化多元复合型模式	种养加一体化经营模式
4	生态治理模式	小流域综合治理模式 丘陵山地综合开发模式
5	观光生态农业模式	生态农庄 休闲渔业模式 高科技生态农业园 精品型生态农业公园

表 9-2　江苏典型生态农业模式

序号	典型模式	主要推广区域
1	以沼气为纽带的生态农业模式	苏中、苏北
2	立体复合种养生态农业模式	苏南、苏中、苏北
3	林禽(渔)复合生态农业模式	水网水系较多地区
4	以休闲、观光为主的观光、创意农业模式	生态基础较好的地区
5	农牧循环生态农业模式	苏南、苏中、苏北
6	以秸秆还田为主的环保增收模式	苏南、苏中、苏北

1. 典型生态农业模式

1) 以沼气技术为纽带的生态农业模式

此模式主要以农业废弃物(特别是畜禽粪便)的资源化利用为导向，通过沼气工程对畜禽粪污进行厌氧发酵，围绕“三沼”(沼气、沼液、沼渣)的综合利用延伸出来的产业生态链体系。沼气可以用以发电，或通过燃烧取暖供热；沼渣可加工成各种专用有机肥，还可以开发成植物生长的营养基质；沼液可为林地和农田生产提供各种专用液态有机药肥，或制成液态饲料供养殖业利用。此模式是一种既低碳又环保的农业生产方式。该模式主要包含猪-沼-菜模式、猪-沼-粮模式、猪-沼-菌模式和猪-沼-鱼-果模式四种子模式。该模式适合在养殖业发达、经济发展落后的苏中、苏北地区推广。

江苏省涟水县位于江苏省北部，属徐淮平原。其农业模式是典型的以沼气为纽带的生态农业模式。在省级生态农业县建设过程中，主要推广应用“猪-沼-菜、猪-沼-菌、猪-沼-鱼-果”三种生态农业子模式。此模式在苏南部分地区也有建设，如：江苏省吴江市东之田木农业生态园占地面积 127 亩，中心示范基地逐步形成畜禽养殖、果蔬种植、能源开发、土壤改良的多交叉产业，产物驯化利用的养、种、能、流四位一体的环保、节能、高效相统一的农业循环经济模式，为太湖流域加快新农村建设开辟新道路。2012 年生态园生产柑橘和鲜梨 3500 万 kg，蔬菜 1000 多万 kg，草鸡和鸡蛋较 2011 年增长近 2 倍，辐射周边农户，户均增收 3 万元。

2) 立体复合种养生态农业模式

立体复合种养是充分利用农业生态系统的时空结构建立的立体种养和养殖业的格局，组成各种生物间共生互利的关系。合理利用空间资源促进物质和能量的多层级循环利用，同时进行生物综合防治，少用农药，避免重金属等有害物质进入生态系统，生产出无公害食品、绿色食品和有机食品。该模式主要包含稻-萍-鱼模式、稻-鸭-鱼模式、林-鸭-鱼模式、稻-鱼共作模式、稻-鸭共作模式、丘陵山地综合开发模式等子模式。

该模式在江苏省推广普遍，其中通州市稻田立体种养生态农业模式具有代表性。通州市位于江苏省东部长江口北岸，属长江三角洲冲积平原。通州市在省级生态县建设中大力推广稻田立体种养农业模式。

3) 林禽(渔)复合生态农业模式

此模式的基本结构是“林果业+畜牧业+渔业”。通常是丘陵山区，在山坡地发展林果业或者林草业，在林地或者果园里建立畜禽养殖场，在山塘中发展水产养殖业，进而形成了“林、果、草生产单元-畜禽养殖单元-水产养殖单元”相互联系的立体生态农业体系。该模式主要集中在苏北地区，主要有稻田-鱼共生模式、林-稻-鱼-油共生模式两种子模式。

案例：江苏省江都市渌洋湖农林综合开发土地专业合作社是以一个以林地、土地、鱼地入股形式的林禽渔结合的合作社。合作社主要经营模式有：①林间套种牧草养鹅。牧草种植在林间，鹅在林间轮放或圈养，用刈割牧草来喂养。鹅在林间放养过程中，将会排泄在林间，有利于牧草与林间苗木的生产。②鱼鸭混养。将鱼和鸭混合养殖，鸭粪中未被吸收的有机物经转化成浮游生物，为鱼类提供饵料。鸭能摄食漂浮在鱼塘中的病鱼、死鱼，吞食鱼塘中水蜈蚣等鱼类的敌害，消除池塘中生长的青苔、藻类等有害物，达到鸭捉鱼、鱼鸭双丰收。③禽粪肥水肥田减少饲料化肥用量。除采用林牧结合、渔牧结合外，畜禽粪便垫草还田还林，鱼塘塘底还林还田等，大大减少水产养殖饲料、减少农田化肥的使用，发展优质稻米生产。合作社 3000 多亩鱼塘每年减少饲料用量近千吨，2500 亩稻田减少化肥投入 50 多万元，同时提高了稻、麦品质。2012 年实现三产生产总值 1.17 亿元，集体创收 160 万元，人均纯收入 8217 元。

4) 以休闲、旅游为主的观光、创意农业模式

以生态农业建设为契机，利用农业及农村丰富的自然资源，将乡村变成具有教育、游憩、文化等多种功能的生活空间，把绿色食品生产基地、林果业生产基地、养殖基地、树木花卉基地的建设和观光、采摘、休闲、疗养、垂钓等休闲娱乐融为一体，以生态观光旅游业加速发展该地区的特色农业生产基地，使生态农业与旅游业协同发展，建立以休闲、旅游为主的生态农业模式。主要包括高科技生态农业园、精品型生态农业公园、生态农庄、休闲渔业等模式。

案例：江苏省六合现代农业产业园区是坚持以生态农业为发展方向，突出循环农业、旅游农业、精品农业三大主题，以旅游服务业为重点突破口的南京市生态农业示范区，位于南京市西北部的六合区竹镇镇的生态农业实验区，园区规划面积 209km^2，人口 6.6 万。园区以建设成为国家级现代生态农业实验区为目标，依照自身资源优势形成“一心四区”的布局，“一心”指园区管理服务中心，“四区”分别为 100km^2 的生态特粮特经种植业区(绿色桃园——冬枣基地)、10km^2 的生态畜禽养殖区(特色羊业养殖)、生态农产品加工贸易区和 67km^2 的大泉湖止马岭生态旅游度假区(止马岭森林生态旅游区、大泉湖旅游度假区、大泉湖畔桃花山庄农业风光、龙泉生态公管旅游农业项目等)。园区内现有农业龙头企业 23 家，5 种无公害农产品和 3 种绿色食品，初步形成了生态旅游、循环养殖、富硒稻米、设施蔬菜、精品林果和食品加工物流产业链条，达到“以农促旅，以旅兴农，农旅结合，互动发展”的良性循环。2013 年上半年，园区生产总值达 19.6 亿元，农民人均纯收入达 11 590 元。

5) 农牧循环生态农业模式

此模式的基本结构是“畜禽养殖业+种植业”。将畜禽养殖生产的粪便和

种植业产生的农业秸秆混合发酵，发酵残渣作为蘑菇培养基，菇渣作为有机肥，种植蔬菜和果树。该循环模式的建成既解决了养殖场固体废弃物对环境产生的二次污染，又解决了农村因焚烧秸秆带来的环境污染及其他安全隐患问题。

江苏农林科技示范园是以沼气工程为纽带形成的农林复合生态农业模式。该模式以畜禽养殖区位中心，通过沼气工程，将 1000 亩农田、800 亩林地、200 多亩温室大棚、50 亩食用菌房和 20 亩水面有机串联起来，形成了农牧复合生态系统，既有效地解决了粪污污染问题，又提供了清洁能源、植物肥料和水生饲料，从而促进了农牧可持续发展。

工程年产沼气 11 万立方米，年节省能源费 11 万元；利用沼渣及干粪生产复合肥 400 吨，年产值为 12 万元；利用沼液做液体肥料在蔬菜瓜果和花卉苗木上使用，年节省化肥 6 万元；利用剩余沼液养鱼，每年可节省鱼饵料和增加鲜鱼收入共 3 万元；每年减少排污费 4 万元；每年节省灌溉用水 4 万元；生产的农副产品为有机食品，年增加收入 5 万元；项目实施区共计增收节支达 45 万元。工程运行费 4 万元，设备维修费等 3 万元，固定资产折旧费 8 万元，支出计 15 万元，年可获得利润 30 万元。

6) *以秸秆利用为主的环保增收模式*

江苏省是我国的粮食主产区之一，稻收、麦收产生大量的秸秆。焚烧是处理秸秆的传统方式，这种处理方式污染了环境，浪费了资源。为充分有效利用农作物秸秆资源，可以通过利用秸秆还田、氨化后作为畜禽的饲料、食用菌种植等模式，不仅解决了农民以前“一烧了之”的做法，而且过去麦收、稻收后焚烧秸秆污染环境的现象得到明显改善，同时秸秆的综合利用明显地提高了农户的收入。

案例：徐州市睢宁县高度重视生态农业建设和农业生态环境保护工作，2008~2010 年以来被省农林厅确认为秸秆综合利用示范县及农产品安全示范县、推进县。睢宁县秉持“打造生态强县、振兴睢宁经济”的发展理念，优先发展、改善农业生态环境工程，形成五大生态农业经济区和相应的特色模式，其中在南部形成稻麦生态农业经济区优质粮菜菌模式——官山镇秸秆食用菌综合利用模式、王集镇申宁羊业秸秆青贮模式。徐州黄淮食用菌科技发展有限公司是以多所食用菌、食品研究所为技术依托，集食用菌培育、推广、种植、加工、销售为一体的现代化农业企业。种植食用菌将农作物废弃秸秆转化为可供人类食用的优质蛋白与健康食品，其培养基废料(菌渣)又是良好的农业有机肥料，是延长农业产业链和促进农业生态环境优化的重要组成部分。

2. 江苏生态农业模式创新(发展)存在问题

1) 理论基础薄弱，推广不够

生态农业是一项多学科结合的复杂系统工程，涉及生态学、林学、畜牧学、经济学、管理学等多方面的知识。就目前江苏省的研究现状来看，多数研究仍处于单一学科内部的研究，各个学科之间的联系和渗透不够充分，难以形成完善的生态农业理论体系。实践表明，要促进生态农业的理论发展，就要根据生态农业发展的实情加强各个学科间的联系和交叉结合，努力形成一种多学科交叉的、综合的、完整的生态农业理论体系。

生态农业模式推广是检验生态农业理论的重要实践方式，同时也是促进生态农业发展的重要环节。农民、政府、企业是生态农业模式推广实践的主体，其参与积极性和运用技术的熟练程度是生态农业模式推广程度的反映。自江苏省开展生态省建设以来，全省各界人士的生态意识显著增强，但农民自身文化水平较低、个别地区政府对推广工作采取敷衍的态度及企业积极主动性差等造成了推广工作的困难。

2) 模式生产规模小、资金不足，影响生态农业的发展

江苏省的生态农业建设规模体现在生态县、生态镇和生态村三个层次上，

生态农业模式的建设规模主要有“户”、“合作组织”、“园区”三种形式。由于受传统农业一家一户分散经营体制的影响，“户式”和“合作组织式”生态农业模式规模占多数。但这两种规模存在以下问题：一是技术力量薄弱，二是资金缺乏，三是信息流通不畅，四是经营管理不健全。这些就使得生态农业的规模效益难以实现，也影响了物质能量信息的多级转化利用，因此农业规模效益问题将是生态农业发展中亟待解决的重要问题。

3) 技术创新转化率低、市场激励与调节不足

创新是一个民族或国家的灵魂。生态农业模式技术创新是模式优化、模式创新的关键所在。只有当生态农业技术创新成果转化为可操作、运行良好的生态农业新模式，才算是实现了技术创新的成功转化。江苏省各级政府与农林高校和科研院所紧密合作，探索生态农业新技术或改进生态农业原技术，走产学研一体化的路子。但部分新技术与实践需求严重脱节，难以成功地商业化；市场在以政府为主导的生态农业技术应用研究中难以发挥调节作用，不能形成有效的激励机制，不利于生态农业的良性发展。

3. 江苏生态农业模式发展建议

1) 完善基本概念原理，优化三区域生态农业模式发展战略规划

深入研究国内外生态农业的概念及内涵，结合我国生态农业建设实践积累的丰富经验，明晰生态农业系统的界定与目标、定义与内涵。苏南、中、北三区域的自然经济地理等差别很大，在生态农业建设上的侧重点不同，如苏北关注经济效益和生态效益，苏南则关注生态效益。生态农业是一项长期工程，不同的生态农业模式所体现的效益是不同的，而模式选择的适宜性与否直接关系到生态农业的经济、社会、生态三效益能否实现。因而，应根据生态农业发展的基本原理并结合区域自然条件、社会条件及资源状况合理安排生态农业战略区划，明确生态农业模式的规模和层次。

2) 强化生态农业技术、人才培训，加大资金投入，提升配套推广能力

为了提高生态农业的快速发展，提高劳动者的整体素质，培育新一代职业农民，要加大对基层科技人员和农民的培训力度，建设技术培训的保障体系。同时依靠科技进步，加大科技含量，顺应实际需要创新农业技术。强化政策扶持，拓宽以政府投资为主的融资渠道，形成政府、企业、社会团体及个人多元化的投融资渠道。同时要重视生态农业技术的示范推广，把科技成果尽快转化为生产力，加快我国生态农业又好又快发展。

3) 完善生态农业管理信息系统

完善优化江苏省生态农业管理信息系统，提升生态农业的信息化管理。生态农业建设的成果由生态、社会、经济效益表征。在现有生态农业评价标准的基础上，在增加技术与模式的适宜性、环境影响的程度等方面，形成更完善的生态农业评价指标体系，即生态农业管理信息系统需要统计的信息资料。将生态农业管理信息系统设计成基础信息模块、评价信息模块以及变化跟踪比较模块，以达到对生态农业的全过程、全方位的管理。

4) 完善市场激励机制与监督机制

市场在生态农业经济建设中发挥越来越重要的作用。构建以产品、服务、技术为主体的需求诱导市场激励机制，有利于生态农业技术创新及推广，有利于生态农业发展模式的顺利发展。在一些生态农业模式中，还存在不同程度的污染，与生态农业的“零污染、零排放”的要求还有一段距离，因此，建立生态农业发展的监督机制才能真正实现生态农业产品的无害化。

二、农业环境生态补偿标准测算

1. 研究背景

农田不仅是人类赖以生存和发展的物质基础，还承担着重要复杂的职责及功能，是构建生态良好的土地利用格局的重要组成。中国《全国土地利用总体规划纲要 2006—2020 年》中突出农田作为生态屏障的重要功能，要求“在城乡用地布局中，将大面积连片基本农田、优质耕地作为绿心、绿带的重要组成部分，构建景观优美、人与自然和谐的宜居环境”。然而，我国城市化的不合理扩张带来的优质耕地减少和人均耕地少的基本国情决定了需大量投入化肥、农药等农资要素来增加粮食产量以保障粮食安全，由此引起的农田磷素非点源污染等环境问题日益凸显，因此，欲构建生态良好的土地利用格局，控制农田磷素非点源污染是一项必不可少的工作。

2010 年中国环境状况公报数据显示，28 个国控重点湖(库)中，Ⅳ类以下水质的湖(库)有 20 个。在 10 个重点国控大型淡水湖泊中，Ⅳ类以下水质的有 8 个。其中，巢湖、太湖处于重度、营养化，滇池、鄱阳湖、洞庭湖等处于重度富营养化。重点流域中海河、辽河、黄河水质为劣Ⅴ类的比例分别为 32.6%，56.7%和 37.9%，水质下降导致的水质性缺水，已经对这些地区人民生活用水构成威胁，对生产和经济发展造成巨大损失。据估计，水污染造成的经济损失占我国 GDP 的 1.46%~2.84%。近年来国家和地方每年都投入巨资治理污染，“十一五”期间用于重点流域水污染防治的专项规划投资为 1 691 亿元，但水体富营养化等水污染问题仍然是有增无减。

太湖流域各地区近年来经济高速发展，然而，经济的快速发展却造成了严重的生态环境问题。2007 年太湖蓝藻暴发表明太湖流域经济发展和资源环境之间的矛盾已逐渐凸显并且愈发尖锐。自太湖蓝藻事件暴发以来，太湖流域农业面源污染治理成了学界和政界关注的焦点和讨论的热点，各种治理措施层出不穷。如学界提出的“最佳管理措施”能够有效地减少养分盈余，控制污染物的输出。江苏省政府也高度重视太湖农业面源污染治理，太湖水危机事件发生后，经过两年多的治理，取得了一定成效。但是，由于农业污染治理起步晚、底子薄，加上治理资金空缺大，历史欠账多等原因，农业面源污染并未得到有效控制。已有的农业面源污染控制实践表明，由于在污染控制工作和农业生产者之间缺乏有效的沟通桥梁、缺乏针对性较强的污染控制机制，导致非点源污染控制工作无法取得真正实效，建立什么样的补偿机制成为农业面源污染控制工作中的重要环节。缺乏生态补偿是现阶段我国未能有效控制农业污染的重要根源，生态补偿是一种维持生态系统服务的可持续性和稳定性的重要手段。因此，开展农业面源污染控制的生态补偿的研究显得十分必要。

本书选取农田氮素非点源污染控制的补偿标准作为研究对象，试图在前人研究的基础上，针对我国关于农田氮素非点源污染控制生态补偿研究的缺乏，尝试采用成本-收益法与意愿调查评估法相结合的方式，测算农田氮素非点源污染控制的生态补偿标准，以期对相关研究以及农业面源污染治理投资预算的编制有所裨益。

农田磷素非点源污染是农业非点源污染中的一种重要的污染源，对其的有效控制事关我国的食品健康和粮食安全问题。在大多数情况下，富营养化的主要限制因子都是磷。所以控制磷素含量是解决太湖水体富营养化的关键。且研究地区当季施用磷肥的利用率一般仅为 15%~25%，致使大量磷肥在土壤中积累，土壤中不再缺乏磷元素，增加了磷素通过径流方式向水体迁移的风险。且土壤对磷强烈有吸附固定作用，使磷不易被雨水、灌溉水淋溶损失，但当施用大量磷肥后，紧接着一场大雨或者随即灌水，还是有相当数量的磷随水流失。江苏省以水稻田居多，施于土壤中的磷肥只有很小一部分被农作物利用，绝大部分以不同的形式的磷素存在于土壤中和转入地下水中。存在于土壤中的磷素，在雨水冲刷下随径流不断进入水体，形成大面积的面源磷污染。

现阶段国内外关于土壤磷素的研究主要集中在磷素的流失及其风险以及对磷素引起的面源污染采取的控制手段等领域。现今学者提出的磷素面源污染控制方法主要是政策性手段。目前我国已有部分学者对农地流转补偿标准进行了探索，也有学者讨论了土地流转对现代农业发展的影响。但未见考虑实施农地流转与控制面源污染有何种关系，也未见关于接受生态补偿意愿与土地增值保值功能认知的关系的研究。目前，我国有关农业非点源污染控制管理补偿的研究比较薄弱，专门针对农田磷素非点源污染控制的研究更是缺乏，本书试图结合已有的研究成果，着重从环境经济学的角度对农田磷素非点源污染控制进行研究。首先，对农田磷素非点源污染的形成进行环境经济机理分析，在此基础上论证建立农田磷素污染控制的生态补偿机制的必要性。其次，结合宜兴市已经开展的土地流转工作及其实施效果，考虑是否进行土地流转对控制磷素面源污染有促进作用。

具体地，本书欲达到以下研究目的：①综合对比国内外农田磷素非点源污染控制的已有手段，总结存在的不足之处；②对农田磷素非点源污染的形成进行环境经济机理分析，并构建农田非点源污染的生态补偿机制；③探索农田磷素非点源污染控制的生态补偿标准的核算方法；④探究土地流转与控制磷素面源污染之间的相关性。

2. 测算步骤

农田面源污染来源于负外部性极强的农业生产活动，农业生产者从事具有正外部性的生产建设或减少负外部性的生产活动都可控制农田氮磷非点源污染，然而，正外部性极强的生态建设及环境保护活动实际上往往由政府作为公共物品直接提供。面对占某个区域主体的农业人口来说，真正有意义的是如何通过补偿手段刺激农民减弱生产强度或改变生产方式，从而减弱负外部环境效应。联合国粮农组织认为环境服务支付是补偿生产者因转变操作方式提供不同组合或更高水平的环境服务而损失的收益，在许多情况下，对生产者支付是为了减少其生产决策造成的环境损害。为此，本书认为农田氮素非点源污染控制生态补偿标准的测算可从减少农业负外部性行为出发，对减少一定程度的化学氮肥和磷肥的施用量的农民，补偿其因此受到的农作物生产收益损失。而从国外农田生态补偿的政策来看，基本也是从减少农业负外部性行为，应用补贴手段推进农业环境目标的实现。基于此，本书主要从农民减少一定化肥用量而获得补偿以及其减氮、磷受偿意愿的角度测算补偿标准。

(1) 最佳生态经济施氮、磷量的确定

所谓最佳生态经济施肥量，是指对环境污染程度不超过环境容量并能使农产品产出合理增长的、兼顾农民经济收益和社会生态环境的肥料投入量。最佳生态经济施肥量即最优社会氮肥施用量，它是在传统农业生产成本的基础上，把外部成本加入生产成本时，依据农业技术经济学原理测算而得的化肥施用量。

(2) 农田氮肥施用的外部成本的确定

关于化肥施用的外部成本，国内外已有较多研究，但是由于侧重点不同，至今没有形成统一的标准可供使用。本书拟在总结归纳前人研究成果的基础上，借鉴赖力等提出的能值分析手段对氮肥施用的外部成本进行估算，估算出氮肥施用的环境成本，将环境成本作为氮肥施用的外部成本。

(3) 农田磷肥施用的外部性成本确定

在对前人定性研究和单项定量研究成果进行系统总结、归类的基础上，结合宜兴市太湖流域的区域特点和实际情况，并参考了向平安等提出的评估指标，笔者提出了粮食生产中因化肥带来的外部成本评估的指标体系，并采用损失-浓度曲线法估算化肥外部成本。

(4) 生态补偿标准的确定

本书拟采用意愿调查法调查农户减磷受偿意愿，以此确定农田磷素非点源污染控制的生态补偿标准。通过问卷设计及调研，对农田磷素非点源污染比较典型的宜兴市农户进行调查，调查农民对减少磷肥施用量的受偿意愿以及对土地增值保值功能的认知情况，并构建计量模型分析影响农民受偿意愿的因素。

问卷设计与调查内容有：受访农民的基本社会经济特征，包括受访者的性别、年龄、文化程度、家庭中是否有村干部、农业生产经验，及家庭收入状况、收入来源、主要从事的工作等基础资料，以此分析受访农民的社会经济特征对减少磷肥用量的受偿意愿的影响；对面源污染认知程度，包括是否关心太湖水质、周围河流是否存在污染、是否听说过农业面源污染等基础资料，以找寻农民对面源污染认知程度和是否愿意减少磷肥施用量的关系；受访农民减磷受偿意愿以及对农地增值保值功能的认知情况，以探索了解土地增值保值功能是否与愿意接受生态补偿具有相关性。

在调查问卷设计修改完善后，于 2013 年 4 月开展了调研，随机选择了宜兴市周铁镇作为调研地，选取该镇的 4 个村庄对农户进行随机抽样调查。在选择村庄时，主要考虑村庄距离河流的远近以及村庄的经济状况、主营作物类型、土地资源禀赋等，结合农户的性别、年龄、受教育年限、家庭收入、种田规模、主要工作类型等个人及家庭特征随机地抽取农户样本。调研样本 100 份，经整理，有效问卷 90 份，占调查问卷总量的 90%。调研涉及的周铁镇，村庄主要有洋溪村、彭干村、欧毛渎村和沙塘港村。

受访样本以男性为主，占样本的 72.2%；劳动力以中老年为主，年龄集中在 50~70 岁，占样本总数的 61.1%；80%的受访农民家庭人数不少于 3 人；受访农民文化程度以初中及以下为主，占样本总数的 89.9%；家庭人均年收入不少于 1 万元的占 54.4%；非农收入占个人收入不少于 50%的有 83.3%；农业收入占年总收入 50%以上的仅有 23.3%；43.3%的对土地有保值增值功能方面的认知；其中，75.6%的农民种田经验均不低于 20 年，受访者中有 80%的人从事务农，19.4%的人以非农打工为主。

3. 结论与讨论

1) 结论

国外农田氮素非点源污染控制的成功实践证明了减少氮肥施用量是从源头控制农田氮素非点源污染的最佳策略之一，氮肥用量的减少是一种外部性行为，实施生态补偿能使这种外部性内部化，本书运用成本-收益法与意愿调查法相结合的方式测算了农户减少氮、磷肥施用量，从而控制农田氮素非点源污染的生态补偿标准，以宜兴市做了案例分析，得出农民氮肥用量减少到最佳生态经济氮肥投入量即可获得补偿。宜兴市主要粮食生产的氮肥最佳生态经济投入量为 25.04kg/亩($375.61kg/hm^2$)，最佳生态经济施磷量为 167.52 kg/hm^2，农户减少氮肥施用获得的政府补偿理论值范围为 41.96~473.18 元/亩，农户参与农田磷素非点源污染控制可获得的补偿值为 39.68~417.03 元/亩。宜兴市 68.3%的农户愿意在政府提供补偿的前提下减少氮肥用量，有 72.2%愿意接受生态补偿而减少磷肥施用量，农户受偿意愿受“受教育程度”、“家庭务农人数”、“种田经验”等因素影响，其受偿意愿与受教育程度呈极显著性相关，与种田经验、农地保值增值功能的认知呈显著性相关。

宜兴市农田氮素非点源控制的补偿标准为 41.96 元/亩。但本书也存在不足之处，如在计算最佳生态磷肥施用量时，选取的是磷肥的市场价格，使得结果略欠精确，望在以后类似的研究中，以更合理选取的数据计算最佳生态化肥施用量。此外，关于使用农地流转对控制农业面源污染的有效性，望以后的研究可进行补充。

2) 讨论

本书以农户减少一定程度的氮肥施用量从而控制农田氮素非点源污染而获得补偿为切入点，探讨了农户只有化肥减少到最佳生态经济施氮量时才能获得补偿，运用环境经济学理论和农业经济学理论测算宜兴市粮食生产的最佳生态经济施氮量，据此测算了农户氮肥施用减少的补偿额度理论值，并采用意愿调查评估法，从农户接受补偿意愿的角度确定了宜兴市农田氮素非点源污染控制的补偿标准为 41.96 元/亩，具有重要的理论和现实意义。但本书也存在不足之处，由于受能力及数据获取的限制，在计算生态经济施氮量时是以粮食的市场价格而非影子价格作为计算基础的，计算出来的生态经济施氮量略欠精确，希望在以后类似的研究中运用影子价格法测算出粮食影子价格，以此作为基础计算粮食生产的最佳生态经济施氮量，以便测算得出的补偿值更精确。

根据 SAS 软件统计结果，卡方显著性检验值越小，说明被解释变量与解释变量呈显著性相关。说明农民受教育程度越高，接受到的关于面源污染造成的危害的知识也越多，继而知道过量的化肥施用会给生态环境造成什么样的危害。因此，学历较高的受访者更加愿意接受生态补偿。而农民种田经验越丰富，则更了解化肥施用过量的危害，也更清楚化肥施用的多少与经济效益并不是完全成正比。了解农地保值增值功能的农户就清楚农用土地转变为非农建设用地后土地价格的自然上涨情况，深知实行土地流转可以保护耕地、落实土地用途管理、保障农民的耕作权利、避免化肥的流失，从而减少化肥排放对环境的污染。因此，他们对接受生态补偿的积极性也较不了解农地保值增值功能的农户高。调研中，接受访问的 5 家蔬菜种植专业合作社副主任及其为农服务建设科、专业合作社建设科、合作事业科的科长表示，当地土地被承包后，2011 年当地碳铵施用量平均 50 kg/亩，复合肥 30kg/亩，较承保前有明显减少。实行农地流转后，宜兴市农业面源污染得到缓解；农户就业问题得到解决；当地蔬菜销售量增加，农民收入增长。由此可见，施行农地流转有助于控制农业面源污染。

三、人居环境建设农民满意度分析

1. 问卷设计

问卷调查的内容是根据评价指标体系进行设置的，包括三个部分：第一部分为农户基本情况调查，包括性别、年龄、教育程度、收入等；第二部分是人居环境建设农民满意度影响因素的调查，分成项目满意程度调查和项目重要程度调查，涉及 5 个维度(13 个项目)，其中包括农宅环境改造、村容环境整治、道路交通设施改造、市政基础设施建设、公共服务设施改造；第三部分是开放式问题，给被调查农民一个自由发表意见的机会，通过此项设置可以收集农民对人居环境建设工作的相关意见及建议。为了便于农民答题以及后期数据统计，项目满意程度调查在填写时均是封闭式问题，采用 5 级李克特标度法，分别为“非常满意”、“比较满意”、“一般”、“不太满意”、“很不满意”5 个等级，其正向到负向依次赋予分值 5~1 分。

2. 问卷调查

本次调查主要采取入户调查的方式，与农民进行面对面的访谈。为确保问卷的回收率和有效率，本次问卷均采用当场发放填写、当场回收的形式。在被调查农民填写问卷时，为了减少外在干扰，尽可能提高问卷的可信度，调查人员不对其看法提出任何意见和评价。

3. 人居环境建设农民满意度

在被调查的 277 位农户中，男性户主占 94.9%，女性仅占 5.1%。初中及以下学历最多，占 71.2%，大专以上比例最少，仅占 4.0%。对项目满意情况进行调查，收集农民对人居环境建设各项目的评价，具体情况见表 9-3。

表 9-3 项目满意情况评价

	非常满意(5分)	比较满意(4分)	一般(3分)	不太满意(2分)	很不满意(1分)
农宅改厕	15.88	40.43	29.60	12.27	1.81
农宅外墙整修	11.19	28.16	38.63	18.41	3.61
庭院环境整治	10.11	31.77	40.79	15.16	2.17
公共绿化	12.27	28.52	40.07	16.25	2.89
河道疏浚	13.00	29.60	32.85	19.49	5.05
道路改造	13.72	35.74	32.49	17.33	0.72
桥梁修缮	13.36	36.82	34.30	14.08	1.44
给水设施改造	9.75	36.10	38.27	12.27	3.61
排水设施改造	9.03	33.94	44.04	10.47	2.53
公厕改造	9.75	32.85	40.43	14.44	2.53
集体用房建设	9.39	31.41	43.32	13.00	2.89
路灯安装	11.19	23.10	35.38	20.22	10.11
公共活动场所	10.47	29.60	42.96	11.55	5.42

根据被调查农户对人居环境建设每一个项目的满意程度评价及所对应的分值，计算每一个项目的平均得分情况，满意度分值计算公式如下：

$$p_i = \sum_{j=1}^{k} X_j Y_{ij} \quad (i=1,2,\cdots,n;\ j=1,2,\cdots,m) \tag{9-1}$$

式中：p_i表示被调查农户对第 i 个指标的满意度，X_j表示满意程度等级为 j 时对应的分值，Y_{ij} 表示第 i 项指标的满意程度为 j 级时的被调查农户占总调查农户的比例。

根据公式(9-1)计算，得到人居环境建设各项指标满意度评价结果(表 9-4)。表 9-4 反映了排水设施改造、桥梁修缮、道路改造、农宅改厕、公共活动场所指标满意度分值高于满意度平均水平，说明这些指标达到了农民的期望，农民认可度较高。路灯安装、农宅外墙整修、公共绿化、河道疏浚、集体用房建设、公厕改造、给水设施改造、庭院环境整治指标满意度分值低于满意度平均水平，说明这些指标与农民的期望还有一定的差距，需要进一步改进，不断提高农民的满意度水平。

表 9-4　指标满意度及排序

	满意度分值	排序
农宅改厕	3.5632	2
农宅外墙整修	3.2782	12
庭院环境整治	3.3814	6
公共绿化	3.3441	11
河道疏浚	3.3554	10
道路改造	3.4733	3
桥梁修缮	3.4617	4
给水设施改造	3.3770	7
排水设施改造	3.4306	5
公厕改造	3.3671	8
集体用房建设	3.3582	9
路灯安装	3.2414	13
公共活动场所	3.7748	1

在农民满意度调查的基础上，诊断影响人居环境建设农民满意度的关键驱动因素和社会环境因素，并且通过比较农民与专家对指标重要度认知的差异，找出人居环境建设中的主要问题和不足，发现农民的真正需求，从而进一步改进人居环境建设工作(蔡少华，2012)。在影响农民满意度的众多因素中，对农民满意度产生直接影响的因素是关键驱动因素。采用四象限分析法，分析农民对人居环境建设的期望与实际感知之间的差异，可以比较直观地找出影响农民满意度的关键驱动因素，找出人居环境建设中的薄弱环节。分析结果表明，公共绿化、河道疏浚、给水设施改造等指标对农民满意度产生较大的影响。调查中发现，部分社会环境因素对农民满意度产生一定的干扰性，甚至具有很大的影响，其中资金投入力度、规划设计质量、长效管理机制 3 个因素是影响农民满意度的主要社会环境因素。

四、生态农业建设中农户行为分析

1. 样本农户基本情况统计

为了解苏北生态农业发展现状，课题组研究成员走访了苏北 2 个市 3 个县(市)的农业主管部门搜集相关资料,并于 2013 年 8 月选取了 22 个村进行了问卷调查，调查样本的抽取主要考虑了地区代表性和调研的便捷性。问卷对农户的家庭基本情况、农业生产行为、技术行为、销售行为、信息获取行为等情况进行了调查，共收 295 份，其中有效问卷 277 份。

在被调查的 277 位农户中，男性户主占 94.9%，女性仅占 5.1%。从户主文化程度来看，初中及以下学历最多，占 71.2%；大专以上比例最少，仅占 4.0%。家庭成员人数最多达到 12 人，最少 2 人，众数为 5 人。从家庭耕地经营情况来看，样本农户家庭土地经营面积最大为 100 亩，最少为 0 亩。从土地集中度来看，地块分析以 2~6 块居多。样本农户家庭年收入的平均值为 40 451 元，户均收入最高为 160 000 元，最低为 4 000 元。进一步分析农户家庭收入的组成结构，农业生产收入比例占总收入 60%的农户有 61 户，农业收入比例在 20%以下的农户有 66 户。

2. 农户行为分析

农户行为主要体现在三个方面：压力、状态、响应（漆雁斌等，2011）。

1) 压力

从压力环境的组成来看，农户面临的压力因素包括家庭内在因素与外在因素。内在因素体现为两个方面，一是家庭经济方面的压力，主要包括家庭人均收入水平、收入构成情况、家庭恩格尔系数等，二是家庭劳动力方面的压力，包括劳动力数量与质量。外在因素包括人均耕地面积与地位地块面积。受访农户家庭的人均收入水平集中在 4000 ~ 20 000 元，人均收入平均值约为

9975 元/年。农业收入平均水平 12 729 元，非农业收入平均水平 27 721 元。家庭恩格尔系数显示，受访农户中处于富裕阶段的比例不高。受访家庭的劳动力数量水平最高为 100%，意味着全家均为劳动力；劳动力占家庭总人口的比例最小值为 17%。均值水平为 69%，表明受访农户中基本能够保证家庭成员中有近 70%为劳动力，劳动/消费比高，劳动力配比较为充沛。由于文化程度很难在短时期内发生较大变化，故本报告将之与江苏省第二次全国农业普查公报数据（2008 年）中全省农业从业人员文化程度构成情况相对比，从对比结果可以看出，受访农户的户主文化程度主要集中在初中，所占比例达到 50.9%；而全省农业从业人员的文化程度主要集中在小学，占 45.2%。通过对比可以得出：受访农户户主的文化水平要高于全省农业从业人员的平均水平。样本户人均土地面积普遍分布在 1～2.5 亩/人之间，彼此差异并不大，均值为 2.04 亩，农户土地规模经营程度不高。

2) 状态

行为状态作为农户行为体系中承上启下的环节，对上要受到行为压力的影响和制约，对下将直接决定其产生的效应。反映农户行为状态的指标主要有：农业生产资料综合利用率，化肥、农药使用强度，农业资金投入量。分析结果表明，样本农户化肥农药使用强度较大，对化肥、农药的依赖程度大于对其他生产资料的依赖程度。样本农户对于农业生产的投入水平占家庭总支出的比例偏低，农户较为重视短期投入。

3) 效应

单位土地年收入是反映农业经济效益的重要指标，分析结果表明，样本农户单位土地年收入主要集中在 1000～2500 元之间和 1000 元以下，两者占到总样本的 81.12%，受访农户的单位土地年收入水平不高。调查结果表明，样本户生态农业纯收入的总体水平较低，亟需深入发展。农户感知结果表明，改善农村生态环境还需要更多的努力。

参 考 文 献

蔡少华. 2012. 闵行区村庄改造农民满意度研究[D]. 上海:上海交通大学.
陈锋. 2010. 电子电器废弃物拆解地区农田重金属污染生态与健康风险评价[D]. 杭州：浙江大学.
陈佑启. 2000. 论农村生态系统与经济的可持续发展[J]. 中国软科学, (8):24-30.
戴凤霞. 2010. 生态文明视域下农村生态环境伦理建设思考[A]. 全国环境资源法学研讨会（年会）论文集[C].
戴凤霞. 2011. 生态文明视域下环境伦理价值观的建构研究[D]. 南昌:江西理工大学.
戴圣鹏. 2008. 农村生态文明建设的实践模式探讨[J]. 南京林业大学学报（人文社会科学版）, 8(3):183-187.
戴圣鹏. 2010. 农村生态文明建设的内容研究[J]. 理论学习, (7):35.
邓楚雄, 谢炳庚, 吴永兴, 等. 2011. 上海都市农业生态安全定量综合评价[J]. 地理研究, 30(4):645-654.
杜喜臣. 2008. 化工行业环境风险评价方法的研究[D]. 兰州:兰州大学.
冯淑怡, 曲福田, 周曙东, 等. 2013. 农村发展中环境管理研究[M]. 北京:科学出版社.
付铁. 2006. 石化项目大气环境风险评价研究[D]. 兰州:兰州大学.
高珊, 黄贤金. 2010. 基于 PSR 框架的 1953—2008 年中国生态建设成效评价[J]. 自然资源学报, 25(2):341-350.
高喜珍. 2009. 公共项目绩效评价体系及绩效实现机制研究[D]. 天津:天津大学.
龚瑞祥. 2011. 生态环境及农业可持续发展的对策[J]. 当代经济, (1):88-89.
国家环境保护总局. 1991. 中国的生态农业[M]. 北京：中国环境科学出版社.
何蓓蓓. 2009. 区域耕地资源安全研究[D]. 南京:南京农业大学.
贺东升, 冯建国, 薛正旗. 2013. 农村生活污水景观化处理的原理和可行性研究[J]. 中国农业资源与区划, 34(1):13-17.
贺天新. 2013. 高台县生态农业发展现状及对策[J]. 农业科技通讯, (4):14-16.
华春林. 2009. 我国农业面源污染治理机制研究[D]. 西安:西北农林科技大学.
黄小洋, 邱丹, 王海芹. 2012. 江苏省生态农业的模式选择与发展对策探讨[J]. 农业环境与发展, (01):29-32, 39.
江苏省人民政府. 2013. 省政府关于印发江苏省生态文明建设规划的通知[R].
梁留科, 吴次芳, 曹新向. 2002. 土地生态系统演化的时间观[J]. 华北农学报, 17(4):123-127.
刘洪喜. 2009. 南方农村生活污水处理技术的探讨[J]. 污染防治技术, 22(3):30-31.
刘晶, 腾彦国, 崔艳芳, 等. 2007. 土壤重金属污染生态风险评价方法综述[J]. 环境监测管理与技术, 19(3):6-11.
刘丽梅, 吕君. 2007. 生态安全的内涵及其研究意义[J]. 内蒙古师范大学学报（哲学社会科学版）, (3):36-42.
刘苗荣. 2007. 强化环境法治 建设生态文明[J]. 河北法学, 25(11):139-141.
刘省贵. 2012. 农村生态文明建设的路径探析[J]. 农业经济, (5):29-31.
鲁春阳, 文枫, 杨庆媛, 等. 2011. 基于改进 TOPSIS 法的城市土地利用绩效评价及障碍因子诊断[J]. 资源科学, 33(3):535-541.
骆世明. 2009. 生态农业的模式与技术[M]. 北京：化学工业出版社.
毛婷婷. 2011. 四川省生态农业建设中农户行为研究[D]. 成都:四川农业大学.
彭奎, 朱波, Kazuko Abe, 等. 2001. 紫色土集水区氮素收支状况与平衡分析[J]. 山地学报, (S1):3-5.
漆雁斌, 杨庆先, 曹正勇, 等. 2011. 生态农业建设的微观行为与政策调控[M]. 北京:中国农业出版社.
仇蕾. 2006. 基于免疫机理的流域生态系统健康诊断预警研究[D]. 南京:河海大学.
孙华, 林佳佳, 申树云, 等. 2011. 国外棕（褐）色地块风险评价研究经验的借鉴与启示[J]. 中国土地科学, 25(4):90-96.
汤姿. 2009. 农村生态系统服务价值及实现途径研究[J]. 东北农业大学学报（社会科学版）, 7(增刊):169-170.
唐正彬. 2009. 我国生态农村建设的法律保障机制研究[C]. 全国环境资源法学研讨会（年会）论文集.
王浩. 2010. 湖泊流域水环境污染治理的创新思路与关键对策研究[M]. 北京：科学出版社, .
王洪营. 2008. 我国农业面源污染的分析及对策探讨[J]. 现代农业, (6):40-41.
王湃, 栾乔林, 谷秀兰, 等. 2013. 海南省土地资源可持续利用的生态安全评价[J]. 广东农业科学, (16):197-200.
王先菊. 2012. 河南省生态文明新农村建设研究[J]. 经济研究导刊, (2):27-28.
吴开亚. 2008. 巢湖流域农业循环经济发展的综合评价[J]. 中国人口・资源与环境, 18(1):94-98.

薛元达, 戴蓉, 孙泺, 等. 2012. 中国生态农业模式与案例[M]. 北京: 中国环境科学出版社.
颜利, 王金坑, 黄浩. 2008. 基于PSR框架模型的东溪流域生态系统健康评价[J]. 资源科学, 30(1):107-113.
燕惠民. 2004. 中国农业面源污染现状与防治对策[A]. //中国农学会. 全国农业面源污染与综合防治学术研讨会论文集[C].
杨斯玲, 刘应宗, 潘珍妮. 2011. 基于循环经济的农村生态文明科学发展研究[J]. 北京工业大学学报（社会科学版）, 11(5):25-29.
杨小波. 2008. 农村生态学[M]. 北京:中国农业出版社.
仰和芝. 2009. 试论农村文化生态系统[J]. 江西社会科学, (9):233-236.
尹飞, 毛任钊, 傅伯杰, 等. 2006. 农田生态系统服务功能及其形成机制[J]. 应用生态学报, 17(5):929-934.
张宏艳. 2004. 发达地区农村面源污染的经济学研究[D]. 上海: 复旦大学.
张杰. 2010. 基于风险可接受水平的规划环境风险评价[D]. 兰州:兰州大学.
张杰丽, 林涛, 毕永君. 2006. 农村面源污染治理建议与对策[J]. 辽宁城乡环境科技, (04):11-12.
张思锋, 刘晗梦. 2010. 生态风险评价方法述评[J]. 生态学报, 30(10):2735-2744.
张小虎, 雷国平, 袁磊, 等. 2009. 黑龙江省土地生态安全评价[J]. 中国人口·资源与环境, 19(1):88-93.
张印, 周羽辰, 孙华. 2012. 农田氮素非点源污染控制的生态补偿标准——以江苏省宜兴市为例[J]. 生态学报, (23):7327-7335.
郑华伟, 张锐, 杨兴典, 等. 2012. 基于PSR模型的土地利用系统健康评价及障碍因子诊断[J]. 长江流域资源与环境, 21(9): 1099-1105.
郑华伟. 2010. 基于改进熵值法的耕地利用集约度评价[J]. 新疆农垦经济, 29(4):53-58.
中共江苏省委. 2013. 中共江苏省委贯彻落实《中共中央关于全面深化改革若干重大问题的决定》的意见[R].
中共江苏省委, 江苏省人民政府. 2011. 关于推进生态文明建设工程的行动计划[R].
中共江苏省委, 江苏省人民政府. 2013. 关于深入推进生态文明建设工程率先建成全国生态文明建设示范区的意见[R].
周立波. 2007. 煤气化工业企业环境风险评价与风险管理研究[D]. 西安:西北大学.
周雪. 2009. 我国农村生态文明建设问题研究[D]. 大连:大连海事大学.
朱洪波, 张安录. 2007. 我国耕地资源生态安全的时空差异分析[J]. 长江流域资源与环境, 16(6):754-758.
左玉辉, 徐曼, 张亚平, 等. 2008. 农村环境调控[M]. 北京:科学出版社.
Walz R. 2000. Development of environmental indicator systems: experiences from Germany[J]. Environmental Management, 25(6):613-623.

附　　录

附录一　2013年江苏省农村生态文明发展政策文件

《关于加快发展现代化农业进一步增强农村发展活力的若干意见》（中发〔2013〕1号）

《关于加快发展节能环保产业的意见》（国发〔2013〕30号）

《近期土壤环境保护和综合治理工作安排》（国办发〔2013〕7号）

《关于加强农产品质量安全监管工作的通知》（国办发〔2013〕106号）

《2013年全国自然生态和农村环境保护工作要点》（环办〔2013〕5号）

《关于加强农作物秸秆综合利用和禁烧工作的通知》（发改环资〔2013〕930号）

《全国生态保护“十二五”规划》（环发〔2013〕13号）

《农村生活污水处理项目建设与投资指南》（环发〔2013〕130号）

《农村生活垃圾分类、收运和处理项目建设与投资指南》（环发〔2013〕130号）

《农村饮用水水源地环境保护项目建设与投资指南》（环发〔2013〕130号）

《农村小型畜禽养殖污染防治项目建设与投资指南》（环发〔2013〕130号）

《国家生态文明建设试点示范区指标（试行）》（环发〔2013〕58号）

《村庄整治规划编制办法》（建村〔2013〕188号）

《关于开展绿色农房建设的通知》（建村〔2013〕190号）

《关于深入推进生态文明建设工程 率先建成全国生态文明建设示范区的意见》（苏发〔2013〕11号）

《〈江苏省“十二五”环境保护和生态建设规划〉重点工作部门分工方案》（苏政办发〔2013〕43号）

《江苏省生态文明建设规划（2013~2022）》（苏政发〔2013〕86号）

《江苏省生态补偿转移支付暂行办法》（苏政办发〔2013〕193号）

《关于加快黄河故道地区农业综合开发促进农业农村经济发展的意见》（苏政发〔2013〕109号）

《江苏省生态红线区域保护规划》（苏政发〔2013〕113号）

《关于加快发展节能环保产业的实施意见》（苏政发〔2013〕147号）

《关于加快推进秸秆综合利用若干政策措施的通知》（苏政办发〔2013〕184号）

《江苏省村庄规划建设示范实施办法》（苏建村〔2013〕362号和苏农改办〔2013〕9号）

《关于征集村庄生活污水治理适宜技术的通知》（苏建函村〔2013〕689号）

附录二 2013年江苏省农村生态文明发展大事记

✧ 1月7~19日，由环境保护部(以下简称环保部)华南督查中心主任刘长根任组长的国家总量减排核查组一行，对我省2012年度主要污染物总量减排工作完成情况进行核查。副省长许津荣1月7日在南京举行的汇报会上，对核查组的到来表示欢迎，简要汇报了2012年以来我省经济发展以及环境保护工作的主要情况。7~11日，核查组先审查上报材料，12日开始，对我省各地减排企业和工程进行抽查。

✧ 1 月 14~15 日，省环境保护厅(以下简称环保厅)在南京组织召开了淮河流域水污染防治工作座谈会，副巡视员陈志鹏出席会议并讲话。

✧ 1 月 23~24 日，由环保部污防司副司长刘国才和国务院南水北调办环保司副司长徐子恺带队的联合调研组，对我省南水北调治污工作进行了调研。副厅长柏仇勇、副巡视员陈志鹏和省南水北调办副主任张劲松陪同调研。

✧ 1 月 29 日在江苏省环保会议上，江苏省副省长许津荣表示，绘制“生态地图”将结合江苏实施主体功能区战略，确定全省重要生态功能区，切实把自然保护区及重要的湿地、水体、山林严格保护起来，精准划分，制定标准，差别管护，禁止一切与其主体功能不相符合的开发建设活动。同时，绘制“生态地图”还将落实江苏省生物多样性保护计划，有计划地实施植树造林、退圩还湖、湿地恢复、矿山复绿等一批重大生态修复工程，帮助提高公共生态产品生产和供应能力。

✧ 1 月 30 日，全省环保工作会议在南京召开。省长李学勇专门作出批示，要求各地各部门深入落实科学发展观，以生态文明建设工程为主抓手，着力优化生态空间格局，着力抓好主要污染物减排，着力改善城乡人居环境，着力解决损害群众健康的突出环境问题，着力提升全民环境素养，更加自觉地把生态文明建设融入到政治建设、经济建设、文化建设、社会建设各方面和全过程，确保江苏生态文明建设继续走在全国前列，为又好又快推进“两个率先”提供坚实保障。副省长许津荣、省环保厅厅长陈蒙蒙出席会议并讲话。各市、县(市)分管环保的市(县)长、环保局局长等出席了会议。

✧ 2 月 22 日，省环保厅召开 2 月份新闻通气会，将省环保厅 2 月份重点工作向新华日报、江苏卫视、城市频道、公共频道、省广播电台、江苏经济报、现代快报、扬子晚报等省内主流媒体进行通报，并对《省政府关于加强环境保护推动生态文明建设的若干意见》进行了解读。

✧ 2 月 27 日，江苏省农业委员会在南京组织召开了《江苏省太湖流域畜禽养殖污染治理专项规划》评审会，有关科研部门专家及省发改委、省财政厅、省环保厅、省太湖办等有关部门代表参加了评审会议，省农委李俊超副主任出席会议并讲话。李俊超指出，国家已将畜禽养殖污染减排纳入各级政府污染减排目标责任考核，省政府要求太湖流域整体推进规模畜禽场废弃物处理，尽快制定规划，明确目标，出台政策，拿出措施。李俊超强调，畜禽养殖污染是太湖流域农业面源污染治理的重点和难点，当前所做工作与实际减排要求相比还有较大差距，不少瓶颈制约问题需要进一步研究解决，必须尽快建立起政府扶持、社会监督、长效运行、奖惩结合的社会化群策群力治污机制。

✧ 3月5~14日，省环保厅厅长陈蒙蒙赴京参加第十二届全国人民代表大会，并提出“修改经济政策防控大气污染”、“在法律条例中体现生态文明和环境权”两条建议。参会期间，就“江苏如何加强环境保护、建设生态文明”，以及“江苏如何实现绿色发展、循环发展、低碳发展”接受了凤凰卫视、经济日报等境内外多家媒体采访。

✧ 3月26日，省太湖水污染及蓝藻监测预警工作小组在南京召开2013年太湖水污染及蓝藻监测预警工作启动会，省环保厅副巡视员陈志鹏到会做了动员讲话，并对今年蓝藻预警工作提出要求。省发改委、省太湖办、省财政厅、省环保厅、省水利厅、省气象局、地湖所，以及来自苏州、常州、无锡、宜兴市环境监测(中心)站的有关领导与专家参加了会议。

✧ 4月1日，副厅长柏仇勇代表省环保厅对太湖流域今年以来断面水质波动超过3次的武进、江阴、张家港等市政府负责人实施“环保约谈”，这也是经济发达的苏南地区首次遭遇“环保约谈”。同日，我省启动太湖水污染及蓝藻监测预警工作。

✧ 4月10日，省太湖水污染防治委员会第七次全体(扩大)会议暨主要入湖河流河长工作会议在南京召开。省长李学勇在会议上指出，要认真贯彻落实习近平总书记重要指示精神，坚持环保优先、标本兼治，坚持不懈抓好太湖治理工作，促进太湖水质持续改善、生态持续恢复，为太湖增添更多美丽色彩，为建设美丽中国作出贡献。副省长许津荣代表省政府通报太湖治理目标责任考核结果，并与太湖流域 5 市政府及省有关部门签订今年治太目标责任书。省政府秘书长张敬华出席会议。省太湖办汇报了去年太湖治理及主要入湖河流水环境综合整治情况。

✧ 4 月 12 日，省环保厅厅长陈蒙蒙就我省生态文明建设情况接受了中央人民广播电台专访。

✧ 4 月 17 日，江苏省农业生态保护协会第一届理事会 2013 年年会在南京召开。江苏省农业委员会副主任李俊超出席会议并讲话。李俊超副主任在讲话中要求，要充分认清当前农业生态保护工作面临的新形势，抓住机遇，为江苏建设美丽乡村贡献一份心力。李俊超副主任强调，协会要完善组织机构建设，规范管理，加强信息沟通交流，组织开展考察技术交流和科技服务活动，努力把省农业生态保护协会办成大家信赖的协会，办成全心全意为会员服务的协会，办成为实现农业节能减排和生态省建设作出应有贡献的协会。

✧ 4 月 18 日，许津荣副省长带领省有关部门负责人赴常州市武进区视察了礼嘉镇畜禽养殖粪污收集服务体系工程，在现场听取汇报并察看运行情况后给予了充分肯定，认为该项目开创了分散畜禽粪污治理新模式，为太湖流域乃至全国农业废弃物综合治理利用树立了典范，要求省有关部门在太湖流域加大政策调研和推广力度。

✧ 5 月 7 日，省长李学勇到扬州高邮市调研工程建设和水质监测情况。李学勇强调，沿线各地要进一步落实责任，加大投入，加大污染治理力度、加强水质跟踪监控，健全长效管理机制，确保沿线 14 个监测点“点点达标”；要切实加强内河航运管理和船舶污染防治，加强运营管理，建设绿色航道，完善应急预案，确保送水水质达标，努力为全国大局作出贡献。副省长徐鸣，省政府秘书长张敬华，扬州市负责同志参加调研。

✧ 5 月 6 日至 7 日，由农业部和欧盟农业和农村发展总司主办、江苏省农环站承办的“中国-欧盟应对气候变化的农业清洁生产技术实践与生态补偿政策研究”第一次专家会议在常州市武进区召开，来自欧盟及农业部的中外专家、江苏、湖北、湖南等省的项目代表共 80 余人参加了会议。“中国-欧盟应对气候变化的农业清洁生产技术实践与生态补偿政策研究（PDSFII-A10）”是中国-欧盟政策对话提供支持项目，该项目主要通过中欧双方合作交流，充分借鉴欧盟先进经验，结合我国国情、省情，研究切实可行的农业清洁生产技术，探索建立农业生态补偿政策。会议期间，参会代表考察了江苏丰叶畜禽粪便集中处理中心、礼嘉镇分散养殖场粪污收运体系、常州科力畜禽粪便集中处理中心、礼嘉镇新辰村农村生活污水净化处理工程、遥观镇宋剑湖农业农村面源污染综合治理区等工程建设情况，对江苏的经验做法给予了高度评价。

✧ 5 月 9~10 日，副省长许津荣率省农委、农机、环保、财政等相关部门的同志，对泰州、南京等地的秸秆综合利用情况进行督查。

✧ 5 月 15 日，省环保厅厅长陈蒙蒙、副厅长柏仇勇带队赴宜兴督查主要入湖河流环境综合整治工作情况。陈厅长一行乘船察看了太滆南运河水质，现场查看了周铁污水处理厂运行情况、莱顿宝富塑化有限公司污染治理工程、新庄澄渎村环境综合整治项目及官渎港水质自动监测站，并与宜兴市政府及相关部门进行了座谈。厅办公室、流域处、环监局、监测中心、苏南督查中心负责同志陪同督查。

✧ 5 月 22 日，省政府召开全省秸秆禁烧与综合利用工作电视电话会议。副省长许津荣出席并讲话，要求各地把推进秸秆禁烧与综合利用纳入政府绩效考核体系，强化落实工作责任。一方面积极“疏”，大力推进秸秆还田外，建立完善规模化、工厂化的综合利用渠道以及市场化、专化业的收贮体系；另一方面严格“禁”，建立市、县、乡、村、组五级禁烧网络，同时加强重点地区和重点时段的巡查，对巡查情况每日一通报，对发现的第一处火点将在主要媒体通报。

✧ 5 月 30 日，《2012 年江苏省环境状况公报》正式发布。

✧ 5 月 31 日，省环保厅召开环境执法工作新闻发布会，苏南环保督查中心主任程炜就太湖流域频繁波动断面周边环境问题开展后督查的情况进行了通报，省环境监察局副局长刘宗介绍了今年全省环境监察工作重点，以及秸秆禁烧和环境执法联动工作情况，省环保厅流域处副处长戢启宏就重点流域治理情况向江苏卫视、城市频道、省人民广播电台、新华日报、扬子晚报、现代快报、南京晨报、中国江苏网、江苏经济报、江苏法制报、江南时报及中国环境报等 13 家主流媒体作了通报。省环保宣教中心主任王玉华主持会议。

✧ 6 月 4 日，全国“农产品产地土壤重金属污染防治”项目工作推进会暨普查数据录入与上报系统软件培训班在江苏扬州召开，来自农业部科技教育司、环境监测总站及各省、市、自治区农业环保机构的 160 多名领导、专家及技术人员参加了会议。江苏省农业委员会李俊超副主任出席会议，介绍了江苏农业生产经济状况和重金属污染防治普查工作进展情况。农业部科技教育司资环处闫成处长和全国农产品产地土壤重金属污染防治项目执行组李玉浸组长及会议代表均对江苏重金属污染防治普查工作给予了高度肯定和表扬。

✧ 6 月 6 日，《江苏省生态文明建设规划》在南京通过环保部组织的评审，这也是全国首个省级生态文明建设规划。环境保护部副部长李干杰出席专家论证会并讲话。评审会上，包括金鉴明、唐孝炎、蔡道基、张全兴等 4 位中国工程院院士在内的专家组，对规划的总体思路、指标设定、重点任务、工程安排给予充分肯定，认为其具有三个鲜明特点：一是创新性、探索性，作为全国第一个省级生态文明建设规划，没有先例可循；二是标杆示范性，作为发达省份的江苏正在为全国生态文明建设创造标杆；三是可操作，规划为各地生态文明建设提供了指南。

同日，环太湖地区生态文明建设座谈会在南京召开。环保部副部长李干杰、副省长许津荣出席会议，省环保厅副厅长赵挺代表江苏发言。来自上海青浦区，浙江湖州市、嘉兴市，江苏无锡市、苏州市、常州市等地的环保部分负责同志和有关专家交流了环太湖地区生态文明建设的探索和实践。

同日，省环保厅副厅长柏仇勇率领省环监局、苏中环保督查中心相关负责同志督查指导苏中地区秸秆禁烧工作。

✧ 6月6~9日，省委组织部、省环保厅在省委党校举办“市县领导干部生态文明建设专题研究班”，副省长许津荣、省委组织部副部长赵永贤、省环保厅厅长陈蒙蒙、省环保厅副厅长秦亚东出席开班仪式。许津荣向学员出了四道考题：一是如何严守生态红线，二是如何加快改善水和大气环境质量，三是如何改革创新相关制度，四是如何提高环境执法效率。

✧ 6月18日，省发改委根据《省政府关于印发江苏省太湖流域水环境综合治理实施方案的通知》（苏政发〔2009〕36号）以及省政府提出的“十二五”太湖治理工作重点，就省农委报批的《江苏省太湖流域畜禽养殖污染治理专项规划》（以下简称《规划》），在征求有关部门意见并组织专家评审的基础上，给予了肯定性批复。批复指出，《规划》目标明确、思路清晰，治理区域空间划分以及重点工程项目布局和投资基本合理，符合《江苏省太湖流域水环境综合治理实施方案》要求，符合省委、省政府有关太湖流域水环境综合治理的方针政策。原则同意《规划》的实施。并要求省农委加强技术指导、协调、监督，加快推进项目建设，确保《规划》确定的建设内容按期完成，发挥效益。

✧ 7月24日，江苏省委、省政府举行新闻发布会，专题介绍《关于深入推进生态文明建设工程率先建成全国生态文明建设示范区的意见》和《江苏省生态文明建设规划》，副省长许津荣、省环保厅副厅长赵挺等出席新闻发布会。

✧ 8月20~23日，省人大常委会组织我省42名全国人大代表赴徐州、盐城、镇江，围绕“扎实推进生态文明建设”开展专题调研。代表们认为，江苏生态文明建设总体良好，但形势依然不容乐观。代表们建议，在今后的生态文明建设过程中，还要更加注重规划引领，科学打造生态文明建设平台，将生态建设与民生建设紧密结合起来，进一步加大相关法规的执法力度，切实发挥好人大的作用。

✧ 9月16日，省农委吴沛良主任带领省林业局、省畜牧局、省农环站等有关部门负责同志赴无锡市宜兴市丁蜀镇乌溪港检查乌溪港水环境综合整治工作。检查组先后考察了丁蜀镇太湖头村连片氮磷拦截工程、丁蜀镇莲花荡农场生态循环农业工程以及丁蜀镇乌溪港港口，并听取了丁蜀镇关于乌溪港水环境综合整治工作的进展情况汇报。吴沛良主任要求，丁蜀镇工作重点要聚焦到关键区域和主要污染源上。下一阶段，丁蜀镇要加大乌溪港周边农村生活污水处理和垃圾收集处置，加强对周边支浜生态化改造力度，加快莲花荡片区生态循环农业建设进度。同时，要建立长效管护机制，提高长效运行效率，降低运行成本。

✧ 9月30日，省环保厅召开新一轮全省农村环境连片整治方案编制培训电视电话会议。副厅长赵挺出席会议并讲话。全省13个省辖市环保局分管局长、处长，65个涉农县(市、区)环保局分管局长、科长和方案编制技术人员参加会议。

✧ 10月14日，省政府召开全省秋季秸秆禁烧与综合利用工作电视电话会议，副省长许津荣出席并讲话，省政府副秘书长陆志鹏、厅长陈蒙蒙及省环保厅、农委等部门相关业务处室的负责同志等参加了会议。

✧ 10月15日，省环保厅召开全省排污费征收全程信息化管理工作推进会。省环境监察总队总队长唐振亚、省生态环境监控中心主任何春银、各省辖市环境监察支队(局)分管负责同志、环境信息(监控)中心业务分管领导及业务工作人员参加了会议。

同日，省环委会紧急通报我省秋季第一起秸秆焚烧火点情况，该火点位于淮安市淮安区的江苏省白马湖农场，过火面积约3000平方米。

✧ 10月26日，省长李学勇在无锡考察调研生态环境保护工作，强调要深入贯彻党的十八大精神，认真落实习近平总书记关于生态文明建设的重要指示，始终把生态文明建设和环境保护工作放在重要战略位置，划定生态红线，建立补偿机制，促进生态、生产、生活与社会的协调发展。省委常委、无锡市委书记黄莉新，副省长许津荣，省政府秘书长张敬华，无锡市负责同志，省有关部门负责人参加调研。

✧ 10月28~29日，省环保厅和住建厅在无锡联合召开城镇污水处理厂减排工作推进会。省环保厅副厅长秦亚东、省住建厅巡视员王翔出席会议并分别讲话。环保部总量司张震宇处长为参会人员分析全国减排形势，并就减排核查核算进行授课。各省辖市环保部门分管局长、城建部门分管局长、县(市)环保局减排人员、71家大中型污水处理厂运营厂长参加会议。

✧ 10月29日，省长李学勇主持召开省政府常务会议，审议《加快发展节能环保产业的实施意见》、《江苏省生态补偿转移支付暂行办法》、关于加快推进秸秆综合利用的政策建议和《关于南通陆海统筹发展综合配套改革试验区总体方案》等一系列推进结构调整、加强生态保护的政策措施。

✧ 11月8日，江苏省环境科学研究院—台湾土壤及地下水环境保护协会合作意向框架协定签字仪式在南京举行，江苏省环保厅秦亚东副厅长、于红霞副厅长、省环科院吴海锁院长、台湾土壤及地下水环境保护协会蔡鸿德常务理事、高志明理事长等领导和嘉宾出席签字仪式。

✧ 11月14日，江苏省环保社会组织联盟成立仪式在南京举行，省环保宣教中心主任、省环保联合会秘书长王玉华、省环保宣教中心相关科室代表以及部分环保社会组织代表出席了会议。

✧ 11月25日，出台了中共江苏省委贯彻落实《中共中央关于全面深化改革若干重大问题的决定》的意见，提出推动生态文明制度建设、创建生态文明示范区。

✧ 11 月 27 日，许津荣副省长在省环保厅陈蒙蒙厅长、柏仇勇副厅长、宣教中心王玉华主任的陪同下，前往南京市图书馆艺术展厅参观以“生态文明•美丽江苏”为主题的大型摄影作品展览。

✧ 12 月 11~13 日，由农业部和欧盟农业和农村发展总司主办的“中国-欧盟应对气候变化的农业清洁生产技术实践与生态补偿政策研究”第二次专家会议在常州市武进区召开，来自欧盟及农业部的中外专家，江苏、湖北、湖南、天津、上海等省市的专家代表参加了会议。会议期间，参会代表考察了江苏兴望农牧有限公司和新坤兴生态农业有限公司生态循环农业示范工程，参观了武进区回民村和雅浦村新农村建设情况，并对江苏的经验做法给予了高度评价。

✧ 12 月 24 日，省物价局发布信息显示 2013 年省级价格主管部门对我省 20 家垃圾焚烧发电企业的垃圾处理量和发电上网电量进行了确认，全年垃圾焚烧机组上网电量约 21 亿千瓦 · 时。按规定，我省正常运行的垃圾焚烧发电企业可享受国、省两级上网电价补贴超 4 亿元。

✧ 12 月 25 日，环保部通报我省 2012 年度重金属污染综合防治“十二五”规划考核结果：截至 2012 年底，我省列入国家规划的 4 个重点区域主要防控的重点重金属污染物与 2007 年相比，惠山区铬削减 42.3%，海陵区铬削减 9.7%，姜堰区铅削减 49.2%，靖江市铅削减 92.7%、铬削减 2.5%；非重点区域重点重金属污染物与 2007 年相比的排放量削减比例分别为铅 24.7%、汞 8.7%、镉 16.7%、铬 13.2%，砷 36.5%；列入国家规划的 22 个重点项目已完成 16 个，累计完成率 73%。

✧ 12 月 23~26 日，环境保护部万本太总工、监测司胡克梅副司长、中国环境监测总站李国刚副站长一行验收组依据《全国环境监测站建设标准》和《环境监测站标准化建设达标验收办法》，对江苏省环境监测站标准化建设进行整体验收。